MBA保有の脳科学者が教える

年収1億円の人になる「強運脳」

上岡正明

宝島社

はじめに

本書のテーマは、誰もが憧れる、しかし誰にでも達成できるほど簡単なことではない「年収1億円」を稼ぐようになることです。

そして、その目標を実現するため、私の専門分野でもある脳科学を駆使して、年収1億円を稼ぐための「強運脳」を作ることを目的にしています。

これは私としても、チャレンジングなテーマではあります。

まず、「年収1億円」に関しては、すでに私自身がその目標を達成しているため、その実体験をご披露するだけですので、それほど難しいことではありません。

問題は、その体験を、誰もができるレベルに落とし込んで説明することです。

さらに、そこに「脳科学」という専門分野をおりまぜたうえ、誰もが再現可能なものにするために、「強運脳」を作り出すという試みは、容易なものではありません。

しかし、この後本文で説明するように、新しいテーマが目の前にあるのに、最初から無理だと思って挑戦しなかったら、せっかくのチャンスを逃してしまいます。

その「チャンス」とは、自分が今よりさらに成長するための「チャンス」です。

最初からムリだと考えて、その「第一歩」を踏み出せない人にとって、目標達成の可能性は全くの「ゼロ」ですが、その第一歩踏み出したものには、等しく可能性が与えられます。そして、目標達成までにはさまざまな失敗も繰り返すでしょうが、失敗と、その失敗を改善していく過程で学んだ経験が、自分の成長の糧となります。

したがって、私は、新しいテーマ、新しい世界には、積極的に取り組むようにしています。皆さんも、この本を読んで、「不可能」と思わずに、ぜひ「年収1億円」という目標にチャレンジしてみてください。必ず目標は達成できるはずです。

もし達成できない場合は、もう一度本書を読み返してみてください。

そして、行動してください。行動し、成功も失敗も含めて、多くの経験を積んでください。その繰り返しによって、あなたはいつしか、誰にも負けないスキルを身に着けているはずです。

目標は、高ければ高いほど、そこにチャレンジした人を大きく成長させます。

本書を読んだこの日が、読者の皆さんの成長の「記念日」となることを願って……。

2023年2月吉日　上岡正明

目次

MBA保有の脳科学者が教える　年収1億円の人になる「強運脳」

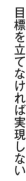

第3章　強運を引き寄せる方法

第4章　仕事の年収最大化と副業収入の勧め

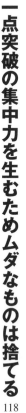

第5章　株式投資で「億超え」を目指す

第1章

年収1億円は不可能ではない！

年収1億円を可能にする3つの収入源

ノートに書き出すだけで年収1億円

本書のタイトルは、「年収1億円の人になる『強運脳』」と謳っています。

「年収1億円」などと聞くと、「とんでもない！　年収1000万円だって夢みたいな数字なのに」と思う人は多いでしょう。

たしかに、年収1億円は、かなりハードルの高い目標です。しかし、不可能な数字ではありません。私も多くの苦難と挫折を味わいながら、年収1億円に達しています。

本書では、実際私が年収1億円になるまでに行ってきた方法をすべて紹介します。

おそらく年収1億円などというと、ものすごく難しいノウハウやスキルを必要とする方法論なのではないかと身構える方も多いかもしれません。しかしその方法は実にシンプルです。

まず、この本を手に取った人は、**新しいノートに「目標・年収1億円」と書き込ん**

図1　ノートに書き出すだけで年収1億円

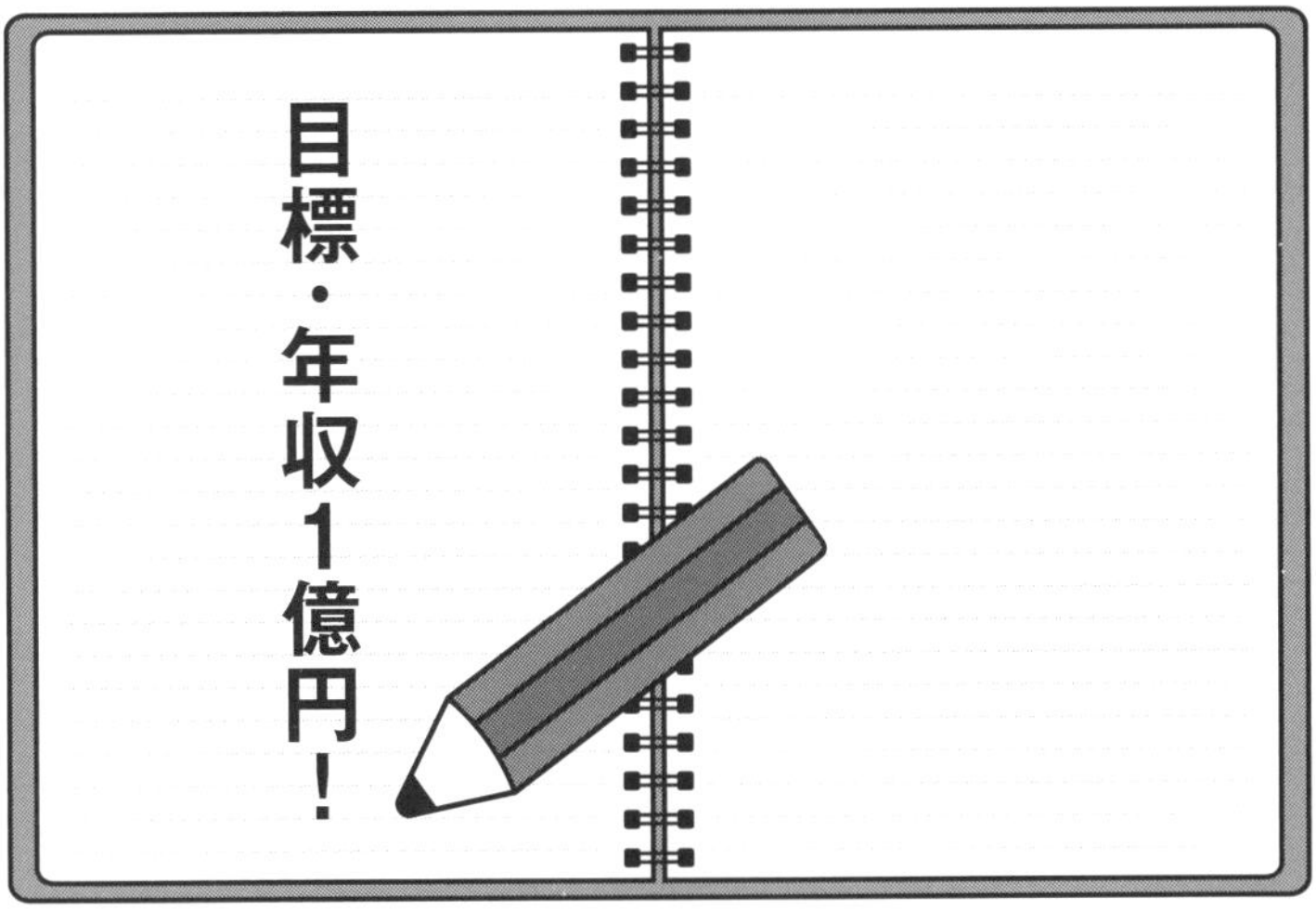

図2　年収1億円を可能にする3つの収入の道

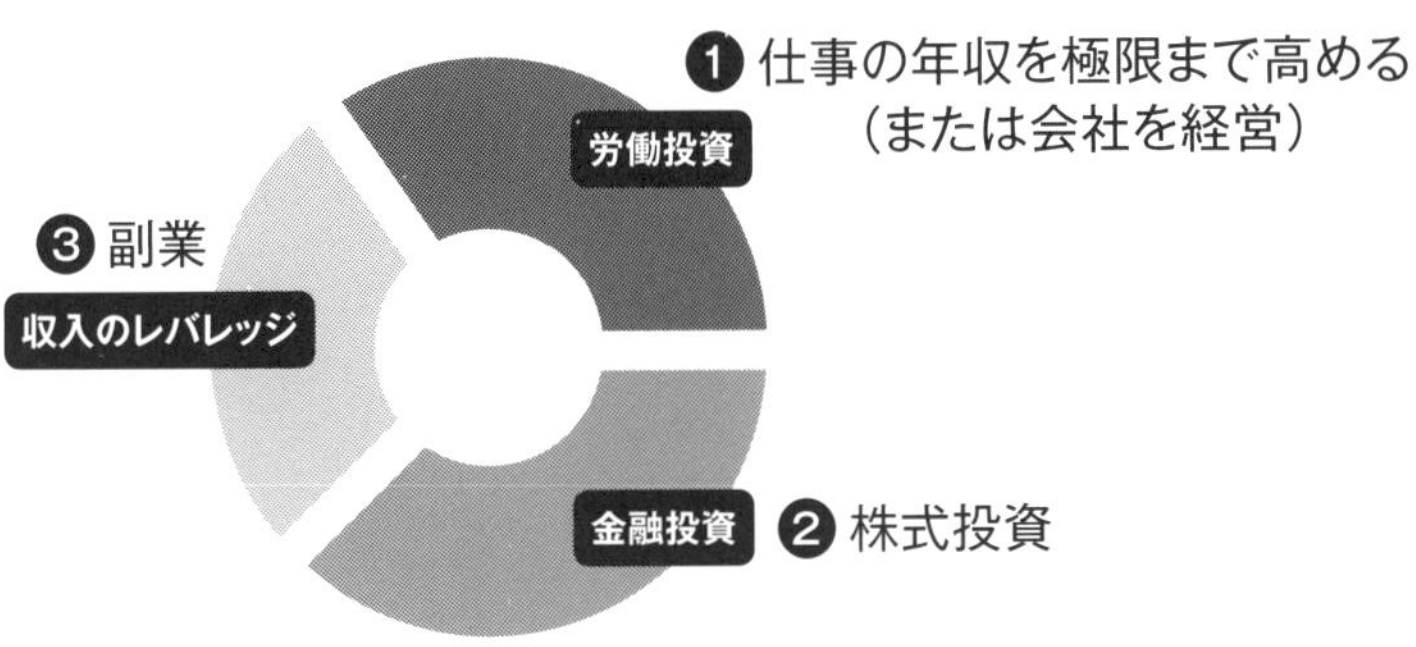

でください（図1）。それを今日のうちに、この言葉通りに実行した人は、数年後、数十年後に年収1億円になる第一歩を踏み出したことになります。

「ノートに目標を書き込んだくらいで、目標を達成できるんだったら苦労はいらないよ」とか、「ノートに書くだけだったらいつだってできるから、暇な時にやろう」と思って、**この「ノートに目標を書き出す」という簡単な作業を今やらなかった人は、残念ながら年収1億円という目標に到達することは難しいでしょう。**

なぜなら、年収1億円への「第一歩」を踏み出していないからです。

ノートに目標を書くだけでその目標が達成できるのはなぜかという理由は、この後たっぷりと説明していきたいと思います。

ただ、この段階で、「ノートに書くだけで年収1億円を達成できる」などというと、何かオカルトや宗教に近いものなのではないかと勘違いする人もいるかもしれませんので、現実的に年収1億円を達成するための概略だけ先に説明しておきます。

給料だけで年収1億円はほぼ不可能

私の経験からすると、年収1億円は、普通のサラリーマンの年収「だけ」では難しいでしょう。

本気で年収1億円を目指すのであれば、次の3つの複合的な収入の道（図2）を探ることが現実的です。

①仕事の年収を極限まで高める（または会社を経営）＝労働投資
②株式投資＝金融投資
③副業＝収入のレバレッジ

まず①については、給料をもらっている人ならわかると思いますが、年収1億円を稼ぐサラリーマンは本当に一握りの人です。

そこでサラリー（給与）だけで1億円を実現しようとは考えず、給与による年収は3000万円くらいを目指します。

ただし経営者になれば話は別です。

日本の上場企業の社長の中には役員報酬と配当だけで年収1億円を超える人がたくさんいます。例えばソフトバンクグループの孫正義社長などは、役員報酬と配当だけで年収約200億円を得ていると言われています。

そこまで会社の規模が大きくなくても、資本金10億円くらいの会社で役員報酬と配当を併せて3000万〜5000万円くらいの年収を稼ぐことも不可能ではありません。

つまり、将来的に起業する、自分の会社を持つということは年収1億円を達成するための近道となります。

次の収入の道が、②の株式投資です。これは仕事を続けながらでもできる、大きな収入源です。

日本もアメリカのように、今後は投資で資産を増やしていくことが当たり前の世の中になっていくでしょう。銀行にお金を預けていても年に0・01％くらいの利息しかつきません。しかし、ＮＩＳＡを活用して株式や投資信託などの金融商品に投資すれば、年率４％くらいの利益を得ることは難しくありません。

左ページの図3を見てもわかるように、年率４％の利率で、月10万円の積み立てをしていけば、13年ほどで資産は２０００万円になります。

もちろん、それだけでは年収1億円という目標には程遠いですが。株式投資を行うためには「種銭《たねせん》」と呼ばれる元手が必要です。

元手ゼロから1億円に到達するのはかなり難しいですが、2000万円くらいの元手があれば、それを5倍にして1億円にすることはそれほど難しいことではありません。

そしてこの資産運用は、早く始めるに越したことはありません。

折しも２０２４年からは、新ＮＩＳＡが始まりました。新ＮＩＳＡについては後で詳

図3　投資の効果

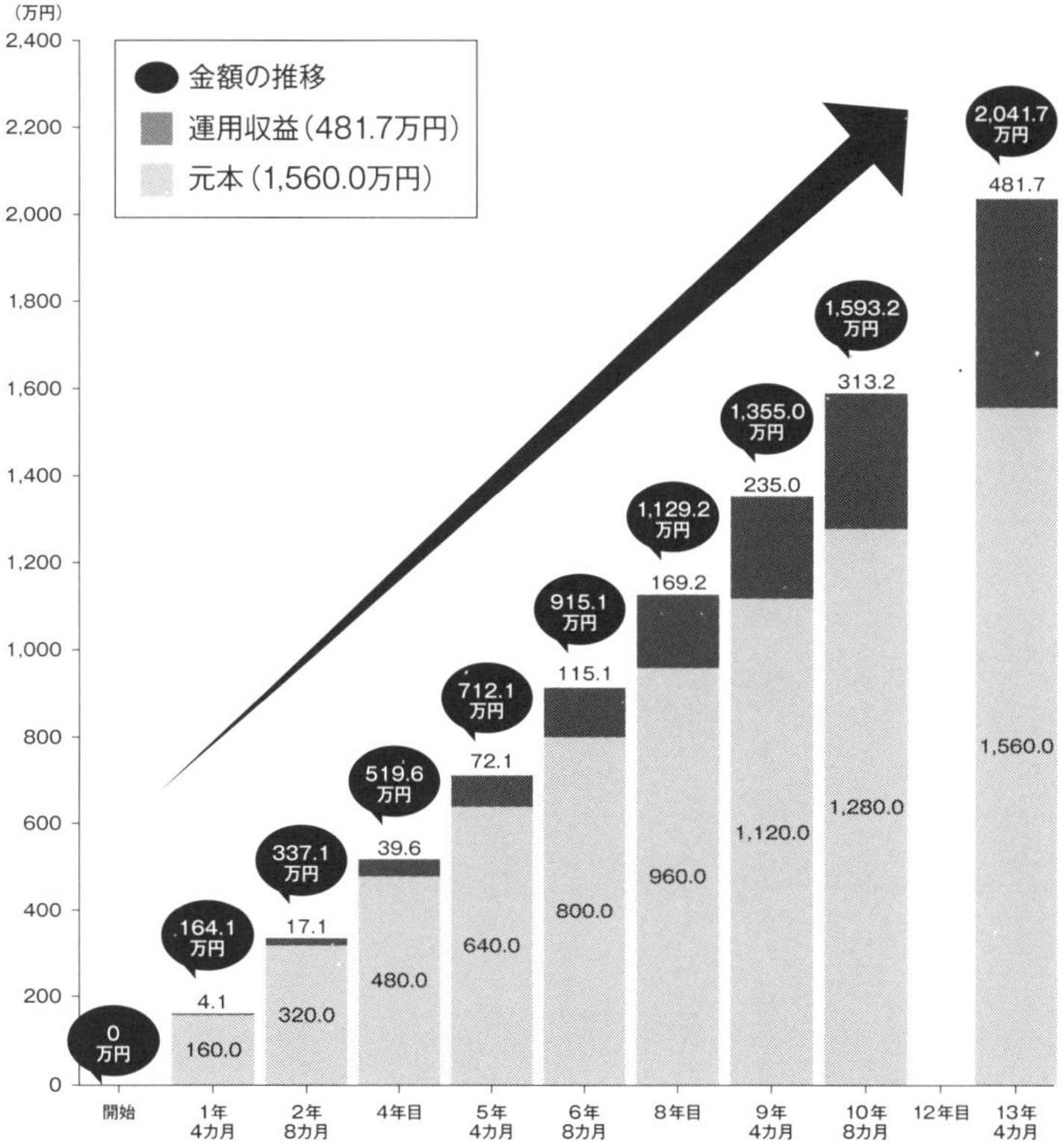

月10万円の積み立てで13年後には2000万円

金融庁「資産運用シュミレーション」で計算（想定利回り年率4%）

しく解説しますが、簡単にいえば株式投資や投資信託で資産運用をしたとき、通常は得られる利益（配当も含む）に約20％の税金がかかりますが、ＮＩＳＡ制度を使えば、その約20％の税金が非課税になります。

例えば投資で１００万円の利益が出た場合、ＮＩＳＡを利用していなければ約20万円が税金で引かれて、手元には80万円弱しか残りません。しかしＮＩＳＡを利用すれば、まるまる１００万円の利益を得ることができます。

株式投資を始める上で、この新ＮＩＳＡの制度を使わない手はありません。できればすぐにでもこの新ＮＩＳＡの口座を証券会社で開いて、資産運用を始めたほうがいいと思いますが、その点については第５章で解説しますので、そこを読んでからでも遅くはないでしょう。

「年収1億円」という目標は、この2つの収入方法、すなわち「給与所得を極限まで高める」ということと、「株式投資で成功すること」の2つでも、達成することは可能です。

しかし、給与所得を高めるためには、それなりのスキルアップも必要になります。株式投資を行うにしても、投資の勉強をしてから行わなければなりません。特に株式投資に関しては、成功すればもちろん収入を増やすことができますが、失敗して損をしてしまう可能性もあるので、初心者が安易に行うべきではありません。

そこで、第3の収入の道として「副業」を挙げました。

具体的に言えば、私の場合は副業としてYouTubeを使った動画配信を行っています。

YouTubeの収入は登録者数と再生回数にもよりますが、広告タイアップなどを上手に活用すれば、目安として5万人の登録で毎月100万円程度、年間1000万円程度の収入を得ることができると言われています。このような副業収入は年収1億円を達成する上での大きな柱となります。


この①～③の収入を組み合わせることで、年収1億円の達成は可能になります。

目標を立てなければ実現しない

このように、年収1億円を達成するための具体的な道筋はあるわけですが、それでも「年収1億円など不可能だ」と考える人は多いと思います。

しかし、そこで不可能と思わずに、まずは年収1億円という目標を立ててみてください。そうすれば実際に1億円の年収は達成できなかったとしても、目標の7～8割を達成すれば年収7000万円から8000万円に到達することができます。

一方で、実現可能性を考えて、最初から年収1000万円くらいを目標にしている人は、結局年収が最大でも700万~800万円程度で終わると思います。

あなたならどちらを選択しますか?

最初から大きな目標を立てて多少のミスをしても大きな利益を取るか、あるいは最初から実現可能性を考えて目標は控えめにしておくか。

ちなみに私の場合、最初から小さな目標を立てても、あまり心が躍りません。年収1000万円は、一般的なサラリーマンの平均年収からすれば多い方ではありますが、普通に掛け合わせで収入を高めていけば定年までに到達できるレベルの目標です。

しかし年収1億円となると、何よりその金額によってできることの可能性が大きく広がります。

簡単に言えば、マイホームや車も手に入れることができますし、そのお金を原資としてさらに資産を大きく増やしていくこともできます。

これもあとで詳しく説明しますが、そうした心の振れ幅というものが脳を刺激し、実際のモチベーションや行動力につながって、より目標達成を現実化する原動力となっていくのです。

脳の「ストーリー」を書き換える

「前もって祝う」ことで強運を引き寄せる

本書のもう1つのテーマが「強運」です。

年収1億円になるためには、よほどの強運がなければ無理ではないかと考える人も多いと思います。そしてほとんどの人は、自分がそれほど強運の持ち主だと思っていないでしょう。運というのは天から与えられるもので、自分で努力して得られるものではないと思っているからです。

確かに、強運があったために成功した人もいます。わかりやすい成功例で言えば、マイクロソフト社の創業者であるビル・ゲイツがそれです。

ビル・ゲイツはそもそも裕福な家庭に生まれています。そのため、私立の名門スクールに入学することができました。

この学校は、ビル・ゲイツが通っていた50年前には、すでにコンピューターを使った教育を行っていました。ビル・ゲイツがコンピューターやプログラミングに興味を持ち、後にマイクロソフト社を立ち上げたのは、この学生時代の経験と無関係ではありません。

さらに彼が強運だったのは、母親がＩＢＭの会長と知り合いだったということです。マイクロソフト社が急成長し、業界内で圧倒的なポジションを確立した背景には、こうした人脈的な背景もあり、これはいくら能力の高いビジネスマンでも真似できるものではありません。

このような事例を紹介すると、自分はそんな強運を持ち合わせていないので、ますます成功など無理だと考えてしまう人も多いでしょう。

しかし実際には、そんなことはありません。脳科学の観点から考えても、強運というものは、自分で引き寄せることができるのです。

では、どうやってその強運を引き寄せるのかというと、まずは自分自身が強運の持ち主であると、脳に強く思い込ませるのです。

平たく言えば、自己暗示をかけるということになります。わかりやすい例で言うと、「前祝いの法則」というものがあります。

これは自分がやりたいことや向かっていきたい方向性を口に出して言い、あたかもそれがすでに達成されたかのように、祝ってしまうものです。

脳を騙して違うストーリーを刷り込む

実際、日本には古くから「予祝《よしゅく》」という風習があります。農家で豊作を祈って、1年間の農作業や秋の豊作をあらかじめ実演する呪術行事です。こうした予祝行事が行われるのは、期待する結果を前もって実演すると、そのとおりの結果が得られるという言い伝えがあるからです。

こうした風習は一概に「迷信」のような言葉で片付けられるものではありません。実際、こういう風習が長く続いているということは、予祝というものがある程度効果を発揮しているからです。

もし予祝を何年やっても期待するような結果が得られない場合は、こうした風習はとっくの昔に廃れているはずです。

これを脳科学的に考えると、人間の脳というものは、あらかじめ結果をインプットしておくと、暗示がかかったかのように、その目標や進むべき方向に対して、進んでいこうというパターンやプロセスを作り上げるようです。

人間の脳とは、錯覚しやすいものなのです。

脳は現実と非現実の見境がつかなくなることがよくあります。

わかりやすいのが「ミュラー・リヤー錯視」や「ポンゾ錯視」の例でしょう（図４）。２本の直線の長さも２つの長方形の大きさも、実は全く同じなのですが、同じ長さ・大きさには見えません。それは、脳の思い込みが、視覚や判断力に影響を与えて、同じものを違うもののように見せているからなのです。

例えばポンゾ錯視の図で言えば、斜めに引いてある上下２本の線があるために、奥行きがあるように見えて、左側の長方形のほうが大きく見えます。

実際は同じ大きさの長方形なのに、左側の長方形が大きく見えるということは、奥行きがあるために、遠くにある左側の長方形の方が大きいだろうと脳が勝手に判断してしまっているわけです。

このように脳は勝手に錯覚を生み出してしまうわけですが、言い換えれば脳は常に「ストーリー」を作り出しているのです。そしてそのストーリーに沿って、人間の感覚や行動を支配します。

本来なら人間は、視覚、聴覚などの感覚器官を通じて得た情報を、脳の高次機能に送り、脳はその情報を通じて物事を判断します。

図4　ミュラー・リヤー錯視（上）とポンゾ錯視（下）

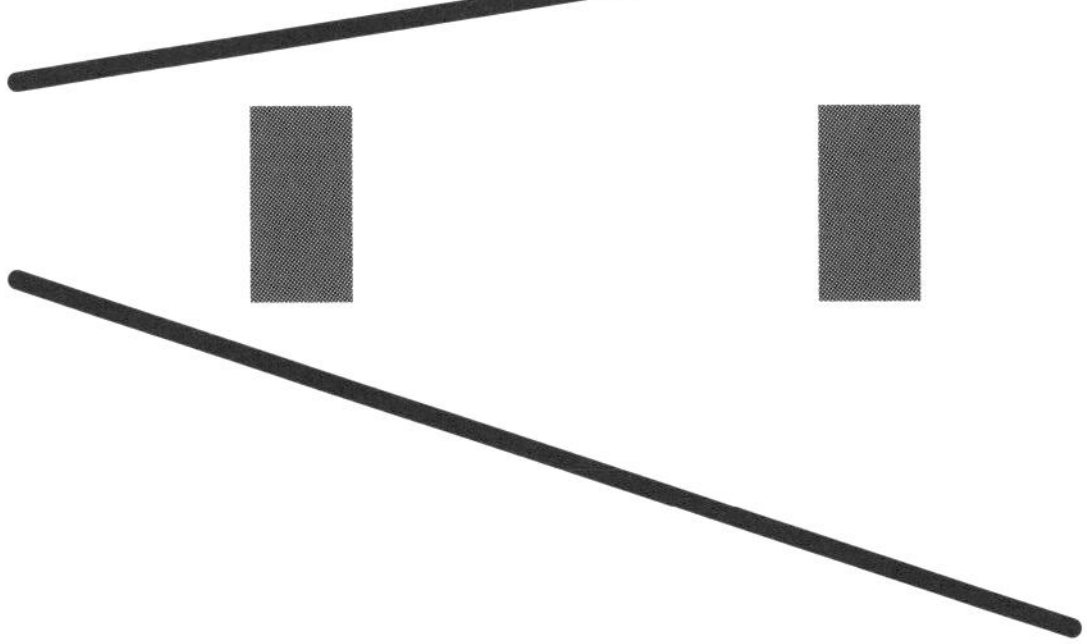

例えば、目の前に赤いトマトがあったら、眼球がとらえた赤いトマトの映像が脳の高次機能に送られ、そこでトマトとして認識されます。

そして生涯のうちに何度もトマトを見ているうちに、トマトという概念が脳の記憶に刷り込まれます。だからトマトを見ると、「赤いトマト」という認識や「味覚」を誰もが普通に持つわけです。

日常生活も同様です。朝出勤するときに玄関のドアを開けたら、そこに街の風景が広がり、いつものように目の前の道路を歩いて駅に向かいます。

それを毎日続けていると、もう玄関のドアを開ける前から、家の前に広がる街や道路といった光景が目の前に浮かんできます。

人間の脳は、このように日常のストーリーを創り出し、人間はそれに基づいて行動します。

なぜなら、一度作ったストーリーを書き換えることは、脳にとって負担だからです。

言い換えれば、一度作ったストーリーを脳はあまり変えたくないのです。

もちろん天気が晴れの日か雨の日かによって、目の前に広がる光景が違うことがあります。

しかし基本的な映像は変わっていないので、人間の脳は晴れの日と雨の日の違いを修

玄関の外には普段の景色が広がっているが……

正するだけで、同じ記憶として処理します。

ところが、目の前に黄色いトマトが置かれたり、いつもより朝早く起きて玄関を開けて出勤したりするとき、普段の光景と一変していた場合、脳はそれまで維持していたストーリーを書き換えなければなりません。

そして次の日からは、違う光景が日常のストーリーとなって、脳の中に記録されます。あるいは、トマトは黄色いものだと決定付けることはないにしても、世の中には黄色いトマトも存在するのだということを認めるようになります。

このように、脳は常にストーリーを創り出し、人間はそのストーリーに基づいて生きているのです。

そこでもう一度「前祝いの法則」の話に戻ると、例えば年収1億円という目標であれば、あたかもその目標を達成してしまったかのように、脳を騙して錯覚させるのです。

最初から無理と考えるのではなく、例えば10年、20年後でも構いませんが、年収1億円という目標を達成している自分を想像して、先にそれを祝ってしまうのです（図5）。

「祝う」というと大げさですが、数年後にお金持ちになった自分の姿を想像して、そのストーリーがあたかも現実のものとなっているように振る舞い、あるいは言葉に出すだけです。

図5　将来億万長者になる自分を「前祝い」

将来億万長者になる自分を
今から祝う
10年後
本当に億万長者になっていた！

それを繰り返しているうちに、その振る舞いや言葉に実際の自分のストーリーが伴うようになり、いつかその「前祝い」が本当のことになってしまうのです。

どうです？　実に簡単なことですよね。

では、この簡単なことがなぜできないかというと、99％の人はやはり臆病になってしまい、行動できなかったり、最初の一歩を踏み出せなかったりするからです。逆に言うと、「最初の一歩を踏み出す」ということがとても大事で、一歩踏み出せればその勢いで次の一歩も出やすくなります。

「前祝い」というのは、その最初の一歩を踏み出すためのイベントのようなものです。自分で脳の中でストーリーを作り、本当の未来がこうなるということを思い描き、そこに向かって行動していくうちに、実際になってしまった、というふうに、自分を追い込んでしまうのです。

もしあなたが年収1億円を達成したければ、それを達成した自分を先に祝ってあげることで一歩踏み出すのです。そして現在を変え、未来を変えていく。それが成功を掴む上で非常に大事なのです。

これは誰にでもできることです。むしろ成功を前祝いすることで、強運も強引に引き寄せてしまうことができます。

自己暗示をかけるために固定観念を取り除く

「前祝い」は、一種の自己催眠、自己洗脳のようなものです。実は、私はある催眠術師から、面白い話を聞いたことがあります。

催眠術では、術者が相手をコントロールしたり、洗脳したりしようとすればするほど、催眠術にかからないそうなのです。術をかける上で大事なのは、術者の意図するところを押しつけるのではなく、まず相手をリラックスさせ、相手の脳内から余分な緊張や疑いを「取り除く」という作業なのです。

言われてみれば、テレビなどで催眠術を見ていても、術をかけるときにはまず「力を抜いてリラックスしてください」ということを言いますよね。そうすることによって、相手の固定観念や、催眠術に関する猜疑心などを取り除いて、そこに新しい暗示などを入れていくのです。

ここで大事なポイントは「取り除く」ということです。

「取り除く」という行為は、これから新たなものを「取り入れる」上で、非常に大事な行為となります。

例えば声楽家の方は、腹式呼吸でたくさんの空気（酸素）を体内に取り入れて、そこから発声しますが、最初からたくさんの息を吸おうとしても限界があります。たくさんの空気を吸入するためには、その前に肺の中にある空気（二酸化炭素）をたくさん吐き出さなければいけないのです。

「呼吸」という言葉のつくりを見てもわかるように、空気を吸うとき、呼吸の「呼」、つまり息を「吐く」ことを先に行います（呼には「吐く」という意味がある）。そして肺の中の空気が十分に吐き出されると、そこに新しいたくさんの空気を取り入れることができるのです。

同様に、これから新たに年収1億円という目標を立てる人は、今まで持っていた固定観念や常識、お金に対するメンタルブロックといったものを、すべて取り除きましょう。

つまり、いったん脳の外に排出してしまうのです。

その際、「年収1億円なんて、自分には無理だ」という考えも、一緒に捨ててしまいましょう。

そうすれば、年収1億円という目標もすんなりと受け入れられるようになります。

人間が大きな目標を達成しようとするとき、それを邪魔するのは、その人がそれまでに積み重ねてきた知識や経験です。子供の頃からの経験の積み重ねが、現在のその人の人格を形成しています。そしてその経験は時として、新たな目標を立てる際の障害になります。

この「年収1億円」という目標がいい例です。自分は元々裕福な家庭ではないからとか、学歴もそれほど高くないとか、さらに言えば才能がないとか。今までの経験から、そのように自分を決めつけてしまい、自分の可能性を自ら狭めているのです。

そのため、年収1億円という目標を提示しても、最初から無理だと考えてしまい、はじめの一歩を踏み出せないのです。

年収1億円という目標を達成するためにはまず、その固定観念を取り除いてしまわなければいけません。

33ページの図6を見ていただけばわかるように、水でいっぱいになったコップにそれ以上の水は入りません。

しかし、入っている水を捨てれば、新しい水が入ります。

すでにあるものを取り除くと、そこに新たなものを入れるスペースが生まれます。

年収1億円を目指すあなたが今、ここで捨て去らなければいけないものが、メンタルブロック、固定観念です。

常識的に考えて、自分は年収1億なんて無理だと考えるその固定観念が呪縛となり、あなたは行動できないどころか、最初の一歩すら踏み出せずにいるのです。

宝くじは買わなければ、当たる確率はゼロです。同様に年収1億円も、その目標に向けて第一歩を踏み出さない限りは、永遠に到達できない目標になってしまいます。

成功している人は、必ずどこかでメンタルブロックを外して「第一歩」を踏み出しています。

例えば先ほども名前を挙げたソフトバンクグループ社長の孫正義氏は、高校在学中の16歳のときに、単身渡米したといいます。

孫氏の半生を描いた『あんぽん　孫正義伝』（佐野眞一著、小学館）によれば、孫氏が渡米した理由は、当時氏が日本の教員になりたかったにもかかわらず、韓国籍だったため、日本の教員になることができなかったためでした。

「たとえ韓国籍であっても、アメリカの大学を出れば日本人はもっと私を評価してくれるかもしれません」と当時の担任に話した孫氏は、クラスメートに送られて一人でアメリカに渡ります。

そして1年半後に大学検定試験を受けて大学に入学、さらに3年時にはカリフォルニア大学バークレー校に編入しています。そこで孫氏が自動翻訳機を開発・販売し、今日の成功のスタートを切ったという話は、彼のいろいろな伝記にも書かれているところです。

図6　固定観念を捨てなければ、新しい知識は入らない

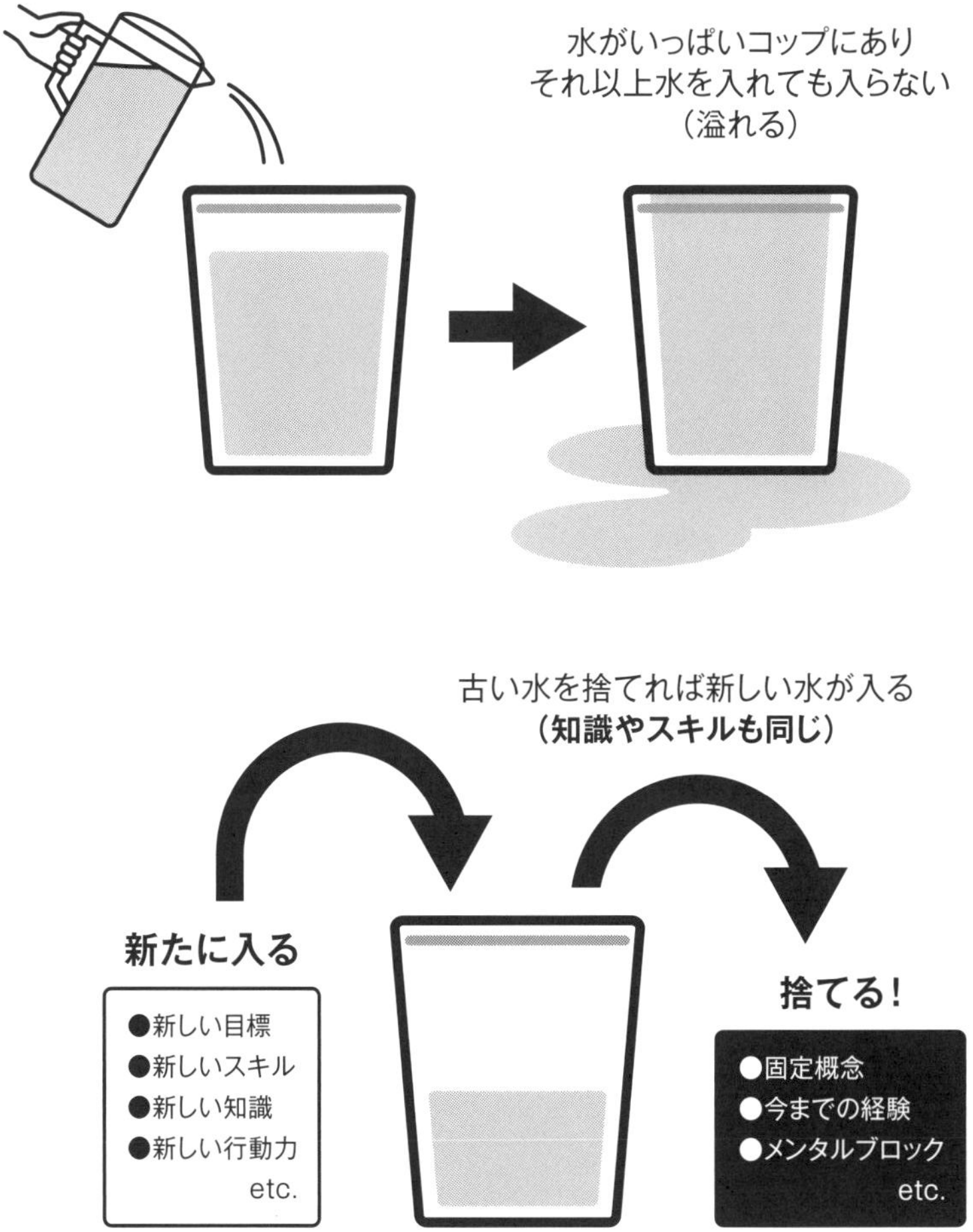
水がいっぱいコップにあり
それ以上水を入れても入らない
（溢れる）
古い水を捨てれば新しい水が入る
（知識やスキルも同じ）
新たに入る
●新しい目標
●新しいスキル
●新しい知識
●新しい行動力
etc.
捨てる！
●固定概念
●今までの経験
●メンタルブロック
etc.

孫氏が踏み出した「第一歩」に比べれば、我々が新しい目標に踏み出そうとしている「第一歩」は、実に簡単なことです。

先ほども述べたように、新しいノートを用意して、その最初のページに「目標・年収1億円」と書き込むだけだからです。

なぜノートに書き込むだけで、目標が達成できるのか？

次章からは、具体的にその理由を説明していきますが、その際このノートは、目標の年収1億円を達成するまで、さらには目標を達成した後も使っていくことで、あなたの人生をより充実したものにしていく「魔法のノート」になるでしょう。

さらには、年収1億円という目標に到達するまでの間、あなたがこの「魔法のノート」によって人間としても成長していくことは間違いありません。

そこでまず、ここまで読んだあなたは、いったん読書をやめて、新しいノートを買ってきてください。近くの文房具屋さんでも、コンビニでも構いません。

ノートは、あまり高級なものである必要はありません。

そして私のお薦めは、「方眼ノート」です。なぜ方眼ノートにするかという理由は、図版が描きやすいとか、書いたことが整理しやすいという意味もありますが、これも詳しくは次章で説明していきます。

第2章

年収1億円への第一歩は手書きノートから

まずは目標を書き出すことから始めてみよう

キーボードではなく「手書き」が重要

第2章では、手書きのノートに書くだけで、なぜ年収1億円が達成できるようになるのか、というお話を、具体的にしていきます。

なぜ「手書き」なのか、という点ですが、手書きには重要な意味があります。頭の中で考えるだけでは、すぐに忘れてしまうから、ということもあります。

さらに手書きにすることで、脳が刺激されます。

まず、何かを書く場合には、書く内容を自分の記憶から引き出さなければなりません。記憶を司るのは、皆さんもご存じの脳の海馬という部分です。ですから、まずはこの海馬を活用します。そして、引き出した記憶をつなぎ合わせて文章にするのは、脳の前頭葉という部分です。

このように、文章を作るだけでも脳のいろいろな部分を使うわけですが、さらに手

書きの場合は腕や指先に脳から指令を送り、字の大きさや太さ、文字のバランスなども調整していきます。

よく「自分の考えを記録するだけなら、ワープロでもいいいんじゃないの?」という人がいますが、パソコンにキーボードで入力したのでは、手書きのときほど脳が活用されないのです。一説には、キーボードのタイピングで使うときの指の動作は8種類だけらしいです。ですが、手書きのときの指の動作は1万種類以上あるともいわれているほどです。

このように、**手書きにすることによって、自分の目標、そしてそこに至るまでの行動などが、鮮明に脳の記憶に定着し、新たな行動を生み出していきます。**

目標を書いたら、そのための課題・解決法を書き出す

ノートに手書きで「目標・年収1億円」と書いた後、そのノートはどう使っていくのか、さらに、ノートに書いたら具体的にどんなことをやっていったらいいのかというお話をしていきます。

私は20歳のときにこの「手書きノート」を始めましたので、すでに20年以上、この習慣を続けています。

そして、**この手書きノートのおかげで、実際に年収1億円を達成するまでになれました。**これは私だけではありません。

試しに「手書きノート 目標達成」でグーグル検索してみてください。あるいはYouTubeチャンネルで動画を探してみてください。同じような成功体験が山ほど出てきます。

本書では、私・上岡流のノート活用術をご紹介します。

まずノートには、「年収1億円」のような目標を書き出します。そこが最終目標地点ですが、具体的に何歳で年収1億円を達成するのかという「締め切り」も決めた方がいいでしょう。例えば35歳の人であれば、10年後の45歳で年収1億円を達成するとい

う期限を決めます。

最終目標を定めたら、そこから逆算して、43歳までに自分の会社を持ち、40歳までに株式投資などで5000万円の資産を築き、37歳までに株式投資と副業で1000万円を貯める。そのために、今日から株式投資と副業の勉強を始める、というような「目標の年表」を「逆算」して書いていきます。

そして、それぞれの年代の目標を達成していくためにクリアしていく課題を書き込んでいくわけですが、私はこれを「人生の目標クリアのための戦略マップ（設計図）」と呼んでいます。

週末の午後など暇を見つけては、一人でカフェでコーヒーを片手にこのノートに書き込むことが習慣になっており、それをもう20年くらい続けています。すると、目標をクリアするためのさまざまなアイデアが自然と湧いてくるのです。

このように言うと、何かノートには難しい戦略などを書き込まなければいけないのではないかと思う人もいるかもしれませんが、はじめは「落書き感覚」で、思いつくことを何でも書いていけばいいのです。

ただし、あまり目標と関係ないことを書いても意味がありませんので、とりあえず書くことが見つからないという人は、私が冒頭に説明した「年収1億円を達成するための3つの収入」について、関連したことを書き連ねていただくといいと思います。
もう一度、年収1億円を達成するための3つの収入の方法をここに書き出します。

①仕事の年収を極限まで高める（または会社を経営）＝労働投資
②株式投資＝金融投資
③副業＝収入のレバレッジ

この3つの方法のうち何から手を付けたらいいかという厳格なルールみたいなものはありません。例えば新NISAの制度が始まったので、これから株式投資を始めてみようと思いついたら、それをノートに書き込みます。

ここでゼロから投資を始めるという人の場合は、まず株式投資とは何なのか、どうやってお金が儲かるのかというところから学ぶことになるでしょう。

「学び」については、また第3章以降で詳しく述べていきますが、ここではとりあえず自分が無理なくできそうな方法を書いてみてください。関連のYouTube動画を10本見るということでもいいですし、投資の入門書を10冊読むということでもいいでしょう。あるいは同僚で株式投資をやっている人がいたら、その人に話を聞くということでもいいかもしれません（図7）。

このように自分の考えをノートに書き出すことによって、新たな課題が発見され、

図7　株式投資に関して思いつくことを書く

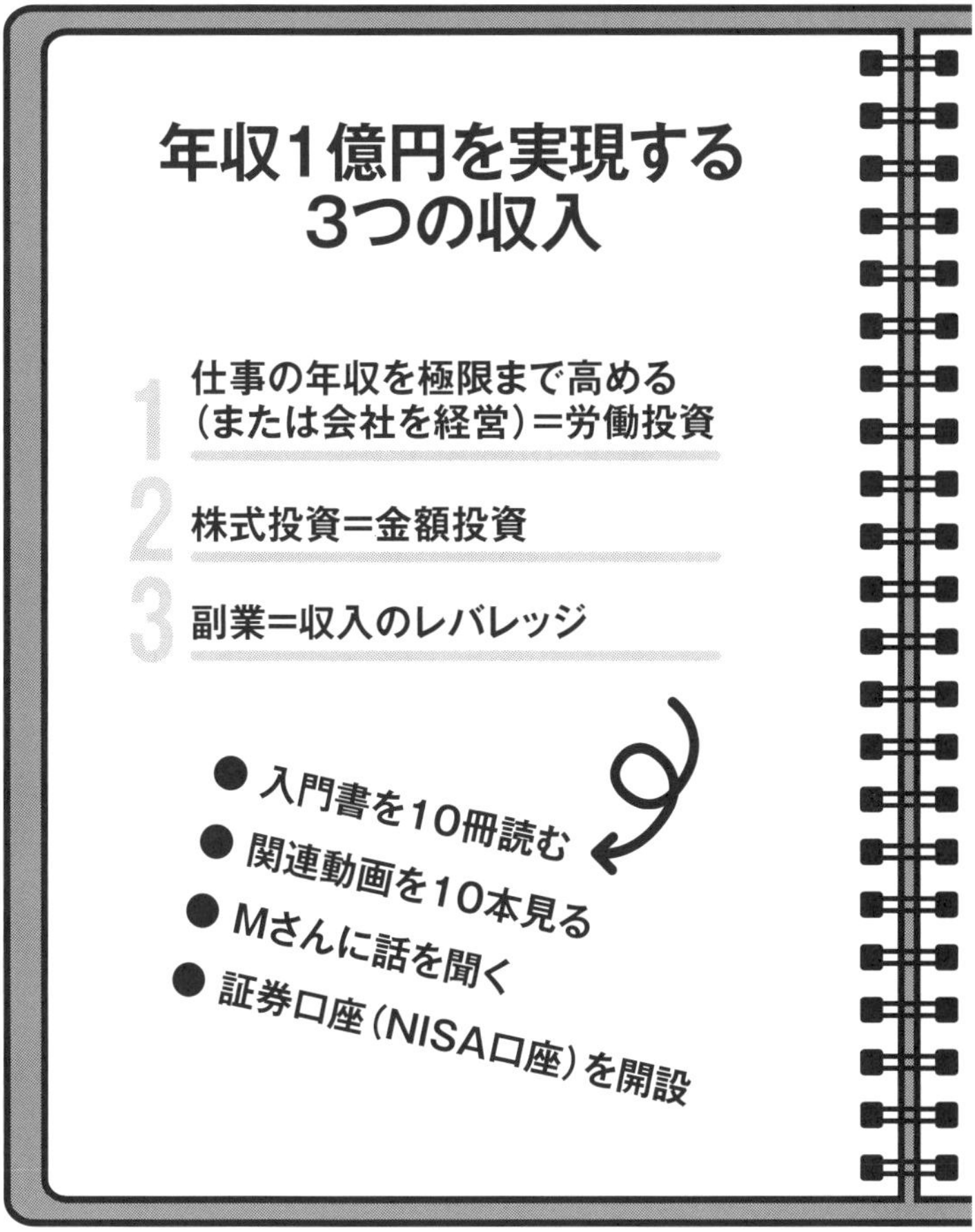
年収1億円を実現する
3つの収入
1 仕事の年収を極限まで高める（または会社を経営）＝労働投資
2 株式投資＝金額投資
3 副業＝収入のレバレッジ
● 入門書を10冊読む
● 関連動画を10本見る
● Mさんに話を聞く
● 証券口座（NISA口座）を開設

その課題をクリアするためのソリューション（問題解決）を自分で考え始めるようになります。そして、そのソリューションを実行するための行動につなげていきます。

こうしてノートに気ままに書いたことが行動につながれば、その時点であなたは「最初の一歩」を踏み出しているのです。そして、その小さな一歩が次の一歩を生み出し、目標に向けた推進力となっていくのです。

行動と失敗を繰り返すことでいつか「億り人」に

株式投資の話の続きをすると、関連本を読み、関連動画をたくさん見てある程度の知識がついたら、早速、証券会社に口座を開設して株式投資を始めることになります。そういう経緯もすべてノートに書いておくといいでしょう。

実際に投資を始めてみると、ビギナーズラックでいきなり儲かるということもありますが、たいていは失敗して損失を出します。

そこで投資経験者の誰もが味わう挫折を経験するわけですが、私は後に詳しく述べるように、失敗は成長の糧だと考えています。むしろはじめのうちは、たくさんの失敗を経験した方がいいと思っているくらいです。

そういう失敗の経験もどんどんノートに書き込んでいきましょう。そして、なぜ失敗したのかという自分なりの考証も加えておきます。そうすれば、同じような失敗をしないための方策を考えるために行動し、そこに新たな学びが生まれます。

こうしてノートに書いたことは実際の行動となり、その行動がまた新たな課題を生み出し、その課題を解決するための新たな学びが生まれ、自然と知識や経験が自分の中に蓄積されていきます。

これが成功を導くための重要な法則です。これを10年も繰り返していれば、あなたは株式投資だけでも「億り人」と言われるような資産1億円を稼ぐほどのプロになっていることでしょう。

1日の終わりをイメージする

手書きノートには、基本的にどんなことを書いても構いません。例えば、私は次のような場合にも使っています。

1日の終わりに、今日起こった出来事を振り返って、ノートにその日の反省を記録します。これを続けていると、朝起きたときに、1日の最後を自然とイメージするようになります。

例えば、「今日はこの仕事を終わらせることができなかった。その原因は事前準備が甘かったからだ」「今日のYouTubeの動画配信では、こういう風に話したほうが見ている人にもわかりやすかったろう」というようなことを、その日の終わりにノートに書き込むだろうと、事前にイメージできるようになるのです。

つまり、1日の締めくくりから、先にその日の反省点となるべきリスクや改善点が予測できるようになり、逆算してアウトプットができるようになったのです。

言い換えれば、**今日行うことに対する失敗の原因を、事前に予測する能力が養われていくのです。これを「成功のためのリカバー力」と私は呼んでいます。**

この能力を利用すれば、これから行うことに対する失敗のリスクを事前に回避することも可能になるわけです。

もしこの反省記録を毎日続けるのが大変な場合は、週末に今週1週間の反省点を書き留めるだけでもいいでしょう。そうすれば、来週1週間の反省点を事前に予測して、その改善の対策を事前に講じることもできます。

その結果、だらだらと仕事をするよりも、来週1週間がより良い結果に終わることは間違いありません。

「着手点スピードサイクル・メソッド」のサイクルで動く

以上述べてきたように、ノートに手書きで書き出すことで、その人の行動が引き出されます。私は目標を達成するためには、この「行動」が非常に重要であると考えています。

物事を慎重に考える人は、なかなか行動に移れません。特に仕事の質を重視する人は、じっくり考え、準備万端整えてから行動するので、とにかく行動に移るまでの時間がかかりすぎます。

質だけを追求すると、物事をうまく進めようとする慎重さばかりが優先されてしまうからです。その結果、行動が遅れがちになります。

しかし、**まず行動をしなければ、人はいつまでたっても成長しません。**行動することによって1つの成果が生まれます。その成果には失敗も含まれます。失敗を検証し改善しつつ、次の行動のヒントに変えていくのです。

そう考えると、失敗も成功するための道しるべとして、大切な成果の1つとなります。失敗しても致命傷さえ負わなければ、何度でもやり直すことができます。

逆に「失敗してはならない」「最初から期待以上の成果を挙げないといけない」と考

えてしまうと、あなたの脳はプレッシャーに負けて臆病で消極的な判断をします。

行動は「アウトプット」と言い換えることもできます。成功の確率を上げるためには脳科学的に見ても、まずアウトプットの量を最大化して的に近づくためのデータを収集した方が効率的なのです。

したがって、「行動ファースト」でまずは行動し、たくさんのアウトプットの中から次のアウトプットに結びつくためのデータを収集するのです。

具体的には、「①ライバル調査→②最初の着手点を決める→③模範行動→④検証のための行動→⑤次の着手点を決める→⑥オリジナル行動」というサイクルを回し続けます。これを私は「着手点スピードサイクル・メソッド」と呼んでいます（図8）。

自分の経験で言うと、私はビジネス系ユーチューバーとしてはかなりの後発でした。テレビに出演する人気者でもなければ、SNSのインフルエンサーでもありません。そんな「動画の素人」が、なぜチャンネル登録者24万人を超えるユーチューバーになれたのか？　それは質よりも「量」を追求したからです。

これを「着手点スピードサイクル・メソッド」で説明していきましょう。

まず①の「ライバル調査」では、チャンネル開設時に他ジャンルで成功している先駆者たちの動画をつぶさに研究し、②の「最初の着手点を決める」というところでは、

図8　着手点スピードサイクル・メソッド

①のライバルと同じような動画をアップするところからスタートしました。

最初はテスト期間と考えていたのですが、それでも今思えば内容はかなりひどいものでした。一方でチャンネル登録者もまだ数十人しかいませんでしたので、気兼ねなくテストを続けることができました。

次に、③の「模範行動」ですが、これは動画を見た視聴者のリアクションを検証しながら、改めて登録者数の多いチャンネルと比較して、足りないところを穴埋めしていきます。

そして④「検証のための行動」では、具体的に取り扱うテーマや話のテンポ、尺の長さ、資料のわかりやすさ、サムネイルのデザイン、表情などのインパクトを比較しました。

また、チャンネル運営者だけに提供されるデータを基に、視聴者が飽きて離脱するポイントを検証して、次の動画に生かすことにしました。大きく路線変更したのは、30本ほどの動画を上げてみてからです。これが⑤の「次の着手点を決める」に当たる部分です。

結果的に⑥の「オリジナル行動」という点では、動画で扱うテーマをがらりと変えました。それまでは時間管理術やメモ術など、ビジネス系のネタを取り扱っていたの

図9　マネー系チャンネルに絞り込む

ですが、「お金」をメインテーマに切り替えたのです。

理由は、30本の動画のうち、最も伸びていたのが、「年収1億円を稼ぐコツ」や「お金の増やし方」などだったからです。過去のデータの検証の結果です。

また、当時ビジネス系チャンネルは、有名な実業家など強力なライバルが多く番組を配信しており、群雄割拠の状態でした。一方、マネー系チャンネルはまだ競合は少なく、狙い目だと判断したのです。

そこから再び同じように類似ジャンルの成功者を研究して、今度はマネー系の動画を集中してアップし始めました（図9）。

このとき、過去の30分の動画は視聴者を混乱させないため一度削除しました。経験値を得るため、検証のための行動と割り切っていたため、後悔はありません。

軌道修正を繰り返した結果、当初の的は大きく外れたものの、わずか1年弱で登録者数10万人を達成できました。

ちなみに登録者数が24万人を超えた今でも、「①ライバル調査→②最初の着手点を決める→③模範行動→④検証のための行動→⑤次の着手点を決める→⑥オリジナル行動」のサイクルは回し続けています。

営業への応用～ライバルは手の届かないような人を選ぶ

この「着手点スピードサイクル・メソッド」の一番のメリットは、プラン（P）→ドゥ（D）をできるだけ短くすることで、より「行動」にフォーカスできる点です。

よくビジネスの仮説・検証のプロセスをPDCAサイクル（プラン・ドゥ・チェック・アクション）といいますが、このP（プラン）の部分を極力省いてD（行動）にすばやく移るのです。とことん行動の「量」を追求することで、周りに圧倒的な差をつけることができます（図10）。

図10　高速で仕事をこなすためのPDCAサイクル

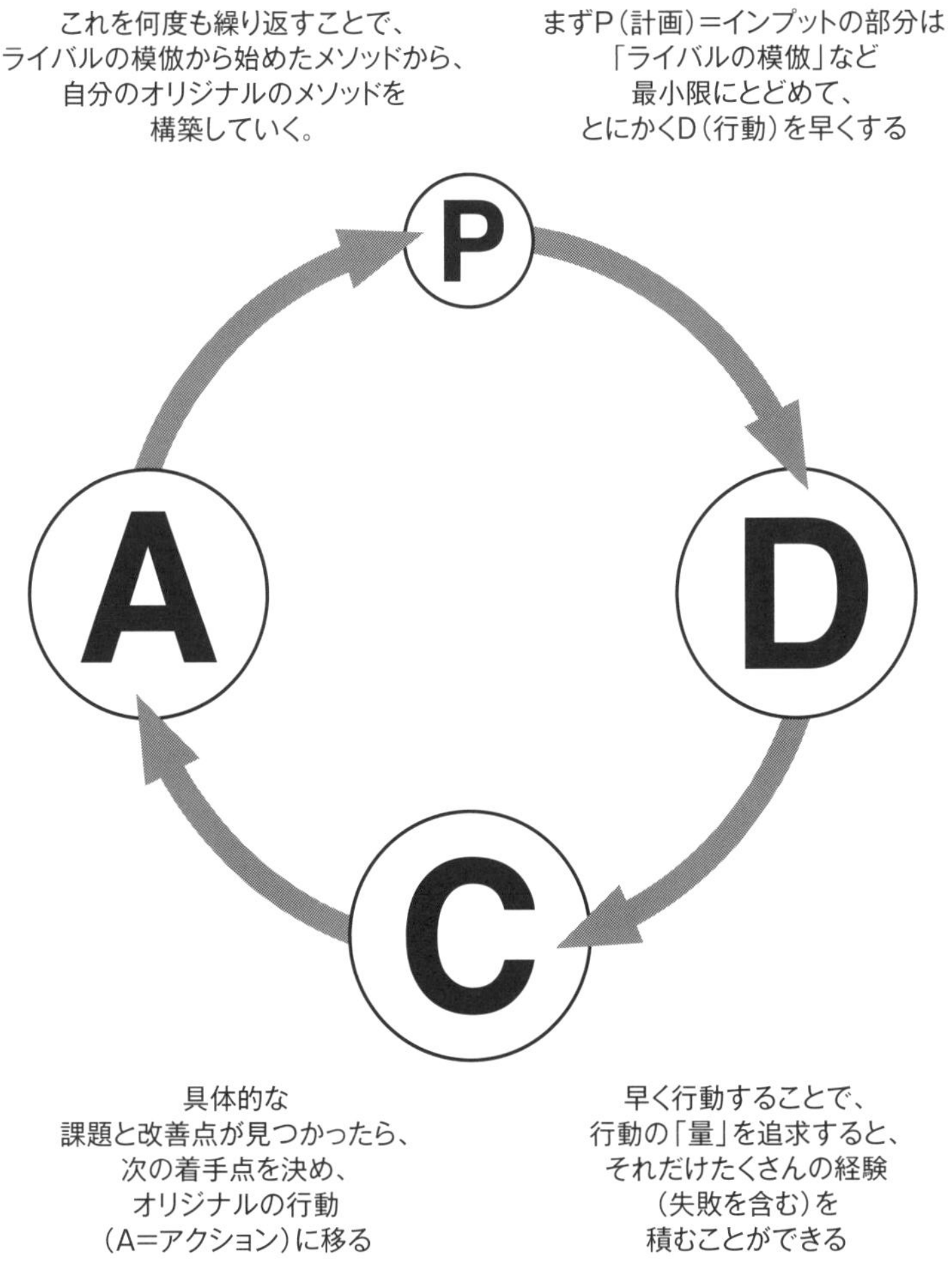
これを何度も繰り返すことで、
ライバルの模倣から始めたメソッドから、
自分のオリジナルのメソッドを
構築していく。
まずP（計画）＝インプットの部分は
「ライバルの模倣」など
最小限にとどめて、
とにかくD（行動）を早くする
P
D
C
A
具体的な
課題と改善点が見つかったら、
次の着手点を決め、
オリジナルの行動
（A＝アクション）に移る
早く行動することで、
行動の「量」を追求すると、
それだけたくさんの経験
（失敗を含む）を
積むことができる

この「着手点スピードサイクル・メソッド」は、経営や仕事、趣味・スポーツなどあらゆる領域で応用が可能です。

例えば営業の仕事で考えてみましょう。

まずは①「ライバル調査」です。これは同僚でもいいですが、できれば営業成績ナンバーワンの先輩などの行動を調査・研究するのがいいでしょう。

さらに言えば「ライバル」は、今の自分では手が届かないようなレベルにいる人を設定するといいです。現実にそこにいる人物だけではなく、本の中に出てくる伝説の営業マンなどでもいいでしょう。これを「仮想ライバル」と言いますが、高い目標のライバルを設定すると、自分のモチベーションが高まります。

そしてライバルを設定したら、そのライバルと同じような行動をとることから、最初の着手点を決めていきます（②）。そして営業の成果を検証し、ライバルと比較した場合にどこが足りなかったのか、というところを考えて、その足りない部分を穴埋めするのです（③）。

具体的な課題と改善点が見つかったら（④）、また次の着手点を決め（⑤）、オリジナル行動（⑥）に移ります。ライバルの模倣から始めた行動で得た知見を基に、自分だけの営業メソッドを開発するのです。

この「着手点スピードサイクル・メソッド」は、年収1億円を手にした私自身の経験だけではありません。

今までお会いした多くの上場企業のオーナーや一流の資産家など、私以上の成功を収めた人たちのデータ研究からも証明されています。

今後あなたが成功するうえで、この「着手点スピードサイクル・メソッド」は重要な武器になりますので、ぜひ身につけていただきたいと思います。

その際、「①ライバル調査→②最初の着手点を決める→③模範行動→④検証のための行動→⑤次の着手点を決める→⑥オリジナル行動」というサイクルも、ノートに書き出してみるといいでしょう。

とにかくノートは1冊、常にカバンの中に入れて持ち歩き、何でも書き込める万能帳、さらに言えば「らくがき帳」のような使い方をするといいでしょう。何でも自由に書き込めるという気軽さが、自由な発想を生み出すからです。

インプットとアウトプットの比率は1：9

「着手点スピードサイクル・メソッド」でアウトプットを増やしていくことは、結局

本書のもう一つのテーマである「強運」を引き寄せることにもつながります。

偶然いい出会いがあったとか、運良くチャンスが転がり込んできたという話は、単なる「偶然」や「運」ではなく、実はそれだけたくさん、チャンスのある場に自分を置いたということにほかなりません。

もし宝くじを1枚だけ買って1億円当たったら、それは確かに運がいいということが言えるでしょう。しかし例えば毎回1000枚、あるいは1万枚の宝くじを買っていれば、1億円が当たる確率は1枚買うときよりも断然高くなります。

実際の宝くじは、そんなに単純な確率論で当たるものではありません。しかし、現実に成功している人はたくさん「くじ」を引いているがゆえに、運を手にしているのです。要するにアウトプットをたくさんしている人ほど、成功の可能性を秘めているのです。

どんなに一生懸命勉強しても、それを実務に生かさなければ意味がないですし、結果的に勉強して得た知識の利用価値が低いということになると、苦労しても成果は得られません。

したがって、日々の仕事の課題や、その課題をクリアするアイデアをノートに書き出すことで、自分がとるべき行動を見つけたら、できるだけ早い段階でそれを行動に移し、アウトプットをしていくことが重要です。

私はインプットとアウトプットの比率は1：9くらいでいいと思っています。十分にいろいろな知識を詰め込んで、準備万端で行動に移るのではなく、できればすぐに現場で使えるようなスキルを勉強し、勉強しながらもアウトプットできるような形で、運をたぐり寄せるように行動を重視していくのです。

例えばユーチューバーになりたいなら、勉強するために本を読み、専門の学校に通って、編集の技術を学んでから始めるのではなく、まずは動画をアップしてみて、現場で何が必要なのか、何が足りないのかを見極めるほうが近道だということです。

つまるところ、勉強よりはまずは実践なのです。本や学校で学ぶよりも実践で得られるスキルの方がはるかに有用です。

勉強はその不足を補助するくらいの心構えでいいのです。

プロセスばかりに捉われて結果を見ないと、リアルな社会では何の役にも立たないということを知らなければいけません。

なお、強運を引き寄せる方法については、このあと第3章でも詳しく解説していきます。

手書きノートの使い方【応用編】

上級者は2冊のノートを使いこなそう

年収1億円という目標を達成するために、まずは手書きのノートに目標を書き込み、毎日それを眺めながら自由に自分の考えを書き加え、行動に移していく。そして行動することでアウトプットを増やし、「着手点スピードサイクル・メソッド」で、失敗を含む多くの成果を上げて、自分を成長させていく。これを習慣化することで、目標は現実化します。

このように説明すると、あなたも今から新しいノートを買って、年収1億円への第一歩を踏み出そうという気になってくるのではないでしょうか？

そこでこの章の最後に、ノートのマルチ活用法を伝授したいと思います。これはどちらかというと、初心者の方というより私の著書やYouTube動画を見て、すでにノートを活用している人向けのノウハウになります。

ですので、これからノートを買って毎日手書きの習慣を始めようという人は、この部分をスキップして次の章に移っていただいても構いません。

正月に年間目標を書き込むノートは神棚の下に保管！

手書きのノートに目標を書き込んで、その目標に達するまでのプロセスや、解決すべき課題、それに対する具体的なアクションプランなどを自由に書き込んでいくのが、上岡流のノートの活用法です。

基本的に、この書き込みをしていくノートは1冊で十分です。しかし、実は私の場合は、2冊のノートを使い分けています。

まず、普段使っている方眼紙ノートの他に、私の場合は1600円くらいの高級なノートを1冊、用意しています。このノートは、毎年元日に、今年1年間の目標を書き込むためのノートです。したがって、使うのも年に数回だけ。使うページも10ページで、もう何年も同じノートを使っています。

そしてこのノートは、基本的に目標を書き込むだけで、家に置いておきます。鞄に入れて外に持ち出すようなことはしません（図11）。

図11　2冊のノートを使い分ける

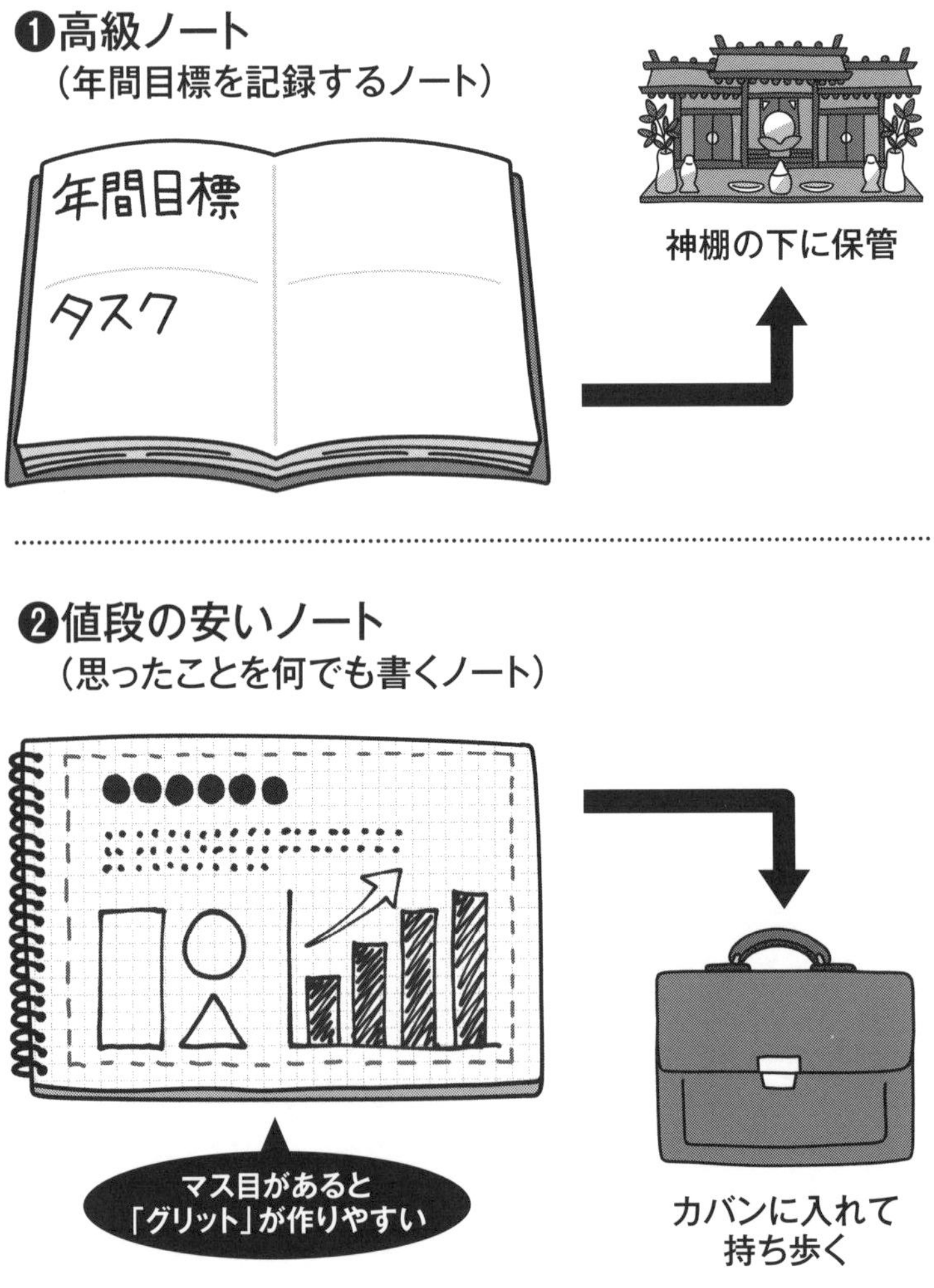

10ページといっても、1年間の予定を真剣に考えて書きますので正月休みをまるまる使って書き込んでいます。具体的には、ページを上下に分割にして書き込んでいます。上に書き込むのが目標で、下の欄に書き込むのは、その目標を達成するための行動タスクです。このように上下に分けると、タスクとそのための行動戦略がわかりやすく結びついて、実際のアクションにつなげやすいのです。つまり、今年やるべきことは何かということを上の欄に書き、そのために何をすべきか、ということを下の欄に書くわけです。

これを毎年、元日から三が日くらいにかけて行うことに意味があります。よく正月に立てた計画は三日坊主で終わるというようなことを聞きますが、やはり正月というのは、気持も新たに、集中力も高まっている時期です。

1年のエネルギーが一番高まっているときでもありますので、そこで目標を立て、行動計画まで立ててしまうのが、一番効率的なのです。

正月のうちに計画を立てると、その目標に向けて1年間しっかり頑張ろうという気持ちになります。

しかし、これをズルズルと引き延ばして、1月の後半や、2月の節分の頃になってから計画を立てても、面倒くさくなってやめてしまうでしょう。そのため、私は毎年正月にこの高級なノートに目標と行動計画を書き込んでいるのです。

このノートのもう1つのメリットは、今後の計画を立てるというだけでなく、今までの自分の成長を振り返ることができるという点です。

自分がこれまでに何を積み上げてきたかということを可視化し、自分の成長のプロセスが見えると、それが自信にもつながります。自分はこれだけ成長してきたんだ、これだけやってきたのだから、この先ももっと成長できるという、新たなエネルギーが生まれてきます。

そのため、このノートは基本的に1年のうちの正月にしか開きません。そして、家の神棚の下に置いておきます。神棚の下に置くのは、ゲンを担ぐという意味もありますが、自分の思いを昇華させてくださいという神聖な気持ちで目標を掲げたという儀式の意味もあります。人によっては、こうした目標の上にパワーストーンを置いているケースもありますが、それで目標が実現するという事例を少なからず聞きますので、あながち迷信だけではないのかと思います。「前祝いの法則」と原理は同じです。

一方で、方眼紙ノートのほうは鞄に入れて毎日持ち歩き、ここまで説明してきたように、仕事のタスクであったり、そのとき考えていたアイデア、会社の課題、予算配分をどうしていくかといったことを、思いつくままに書き込んでいます。

方眼紙のメリットは、図版などが描きやすい、ということもあります。

さらに、「マス目」があるので思考が整理しやすいというメリットもあります。

電車のシートでも、一カ所色を変えておくと、その左右に整然と乗客が座るという効果が証明されています。

ノートも同じで、マス目があると、落書きをしても全体のレイアウトのバランスがとりやすくなります。

これをデザインや設計の用語で「グリッド（直線が縦横に規則正しく並んだ図形やそのような構造のもの）」といいますが、要は「見た目」が整理されると、それを見ながら思考も整理されるということです。

書いたことを消したりもしていますが、そのために書き込むときには消せるボールペンを使っています。

なぜこのようにノートを使い分けるかというと、まず手軽な方眼紙ノートの方は、安いのでボロボロになるまで使えるという気楽さがあります。

あまり高級なノートを使うと、きれいに書こうという気になって、書きたいことが書けなくなってしまうのです。図表でアイデアを表現したり、ひらめきをそのまま言葉や絵に書き表したりすることもできません。そこで、そういうことを書くノートは安いノートでボロボロにしてもいいようなものを使うのです。

急ぎのタスクを処理する「超集中フォーカスノート」

私のもう1つのノートの使い方が、「超集中フォーカスノート」です。これは短期の目標を達成しなければならないときや、仕事の成果がなかなか上がらず停滞期にいるとき、それを打開するために使うノート術です。

「超集中フォーカスノート」は、ここまで説明してきた日常のタスクを書き込むノートを使っています。ただ、気になる方は、ノートを分けてもいいでしょう。あくまでも1つの目標を達成するためのページとして使っていただくといいでしょう。

まず、その使い方を説明します（図12）。

①目標を書く

例えば3日間で達成できるかどうかを目安にした目標を立てます。締め切り日も記載します。

②アウトプットすべきことを付箋に書く

目標を達成するために必要なアウトプットプランを付箋に書いて貼ります。

図12　超フォーカスノート術

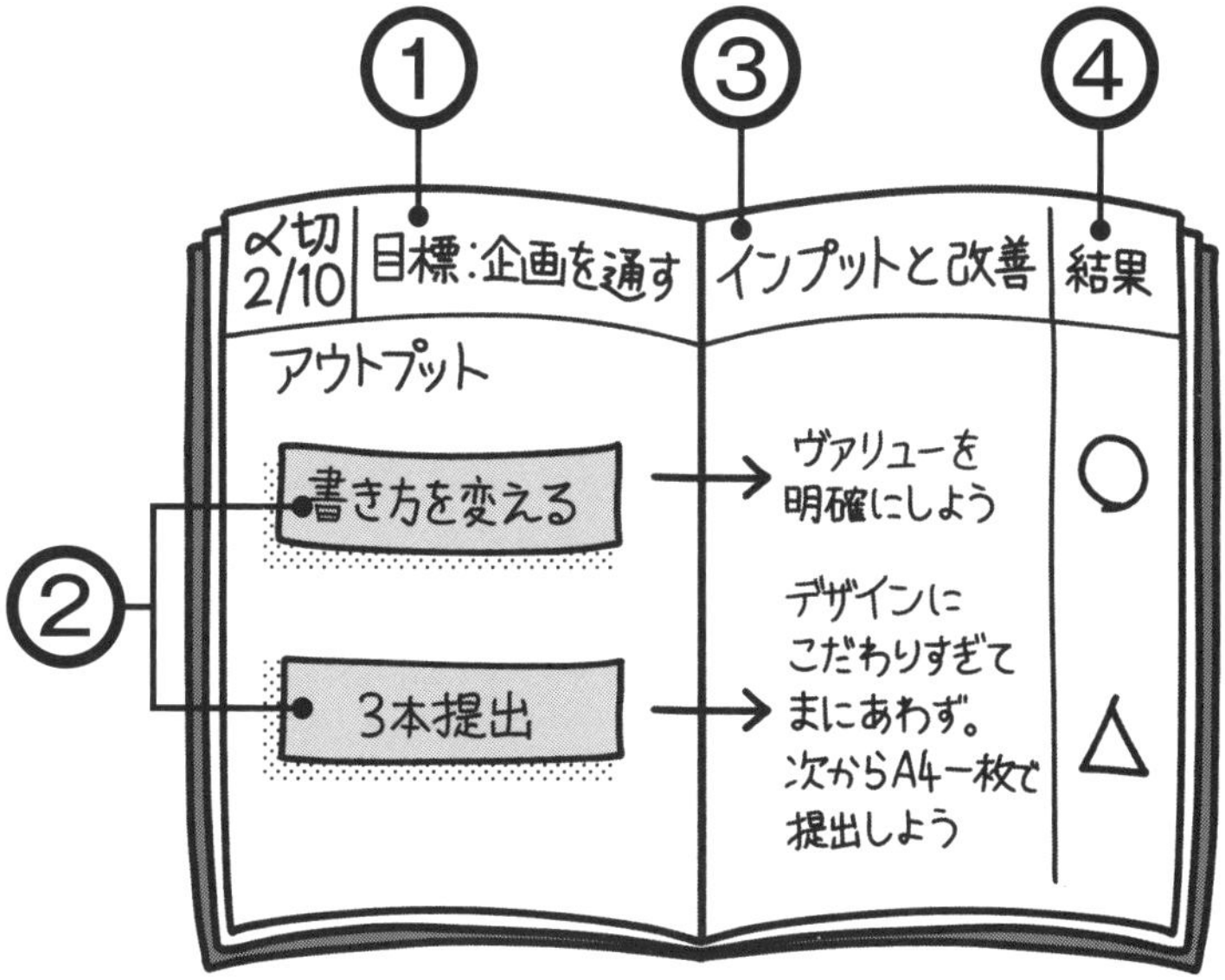

③インプット・改善した内容を書く

どんなインプットをして改善をしたか箇条書きで書きます。

④結果を書く

3日後、該当するアウトプットが完了した場合は「○」、継続中の場合は「△」を記します。

ノートは見開きで使用します。

左ページの冒頭には、あなたが3日間で達成したい目標を記します。例えば、「1週間後でYouTubeの登録者数を100人増やす」といった具合です。

そして、左ページの空きスペースには、その目標を達成するために必要なアウトプットを、思いつく限り付箋に書いて貼ります。「参考書籍で調べる」「人気ユーチューバーにノウハウを尋ねる」「毎日新しい動画を上げる」「資料の見せ方を変える」「サムネを変える」といった具合です。

実際に3日間でできるかは別として、とにかく思いついたアイデアをすべて書き出しましょう。

なぜ付箋に書くのかというと、3日後、まだそのアウトプットが完了していない場合は、次のページに持ち越すからです。次の見開きに付箋を移動させれば、何が未完了のアウトプットなのか、すぐに認識することができます（慣れてきたら、直接ノートにペンで書き込んでも構いません）。

右ページはエリアを2つに分けます。

右ページの左側には、付箋に書いたアウトプットを実践するために、どんなインプットをし、どんな改善をしたのかを端的に記します。

例えば、「テロップの入れ方」に関した何かしらのインプットをしたら、「ド派手な文字のほうが視聴数が伸びると判明。次の動画から実践」といった具合です。

右ページの右側には、改善の結果、そのアウトプットが成功したら「〇」、まだまだ改善の余地がある場合は「△」を記します。「×」は記しません。「△」となったアウトプットは、次ページに持ち越し、改善を繰り返し、「〇」になるまで続けます。

「改善」の方法を書き加えていくことも有効です。あまり知られていないメソッドですが、改善の方法こそ見直しましょう。常に追加の改善を書き加えることを続けていくと、仕事の生産性やスピードは驚くほど高くなります。成功や成果は改善の数で決まると言っても過言ではありません。

この絶対ルールを応用して、改善の上にさらなる新しい改善を書き加えていき、最終的には「あなただけの究極の改善方法」を見出していくわけです。

目標が未達成の場合は次のページにも同じ目標を立て、達成した場合はさらなる高い目標を設定していきましょう。

以上が「超集中フォーカスノート」の書き方です。

この「超集中フォーカスノート」は、1つの仕事にフォーカスするための補助輪的な役割を担います。自分がやるべきことに集中でき、高速で仕事を回していくための強力なツールとなることでしょう。

ただし、気が向かないときには無理に書く必要はありません。どうも最近、成果が挙げられていないな、というときの切り札として使ってみてください。

以上が、年収1億円を達成するために必要なノートの活用術です。結論としては、あまり難しく考えず、仕事のこと、投資のこと、副業のことなど、年収1億円に近付くために日々思うことを自由に書いてください。

大切なのは、書き出して可視化することで、それを実際の行動・アウトプットにつなげていくこと、そして、それを毎日続けて習慣化していくことです。

さて、次章からは、手書きで自分の思いをノートに書き出すことで最初の一歩を踏み出したあなたが次に何を行うべきか、ということを解説していきたいと思います。

第3章

強運を引き寄せる方法

欲望に素直になることで、強運は引き寄せられる

強運を引き寄せる原動力は「欲望」

皆さんは、年収1億円のような大きな目標を達成するための原動力となるエネルギーはどこから生まれると思いますか？

私は「欲望」だと思います。

そして**「欲望」こそが、強運を引き寄せる原動力になると考えています。**

「欲望」は「欲求」と同じ意味で用いられることもあります。

辞書を引くと、「欲望」は「不足を感じてこれを充足させようと望むこと。また、その心。ほしがること。ほしいと思い望む心」とあります。

一方、「欲求」は「ほしがり求めること。ある物を得たいと強く願うこと。また、ある制約、条件のもとにおける欲望をいう」とあります（いずれも小学館『精選版 日本国語大辞典』）。

同じような意味にも取れますが、「欲求」は「ある制約、条件のもとにおける欲望」と書かれています。

つまり「欲求」がある程度セーブされた状態であるのに対し、「欲望」はある意味無秩序で、社会や人の心の平穏を乱すようなネガティブな意味で用いられるようです。

「欲求」という言葉で思い浮かべるのが、有名なアブラハム・マズローの「欲求の5段階説」でしょう。これは図13のように、人間の欲求が「生理的欲求」「安全の欲求」「社会的欲求」「承認欲求」「自己実現の欲求」という5つの階層に分かれているという説です。

これらの階層はピラミッド状になっており、低い階層の欲求が満たされることによって次の段階の欲求を求めるようになります。

まず一番ベースに「生理的欲求」があり、その上に「安全の欲求」、さらに「社会的欲求」「承認欲求」「自己実現の欲求」があります。

この低い階層で人を突き動かしている原動力は、「欲求」というより「欲望」に近いものです。とにかくお金を稼ぎたい、生活を安定させたい、大切な人を守りたい、成功したいという一心で、がむしゃらに仕事なり投資なりに取り組んでいる段階です。

そして私は、年収1億円という大きな目標に近づくためには、初めにこの欲望を原

図13　マズローの「欲求の5段階説」

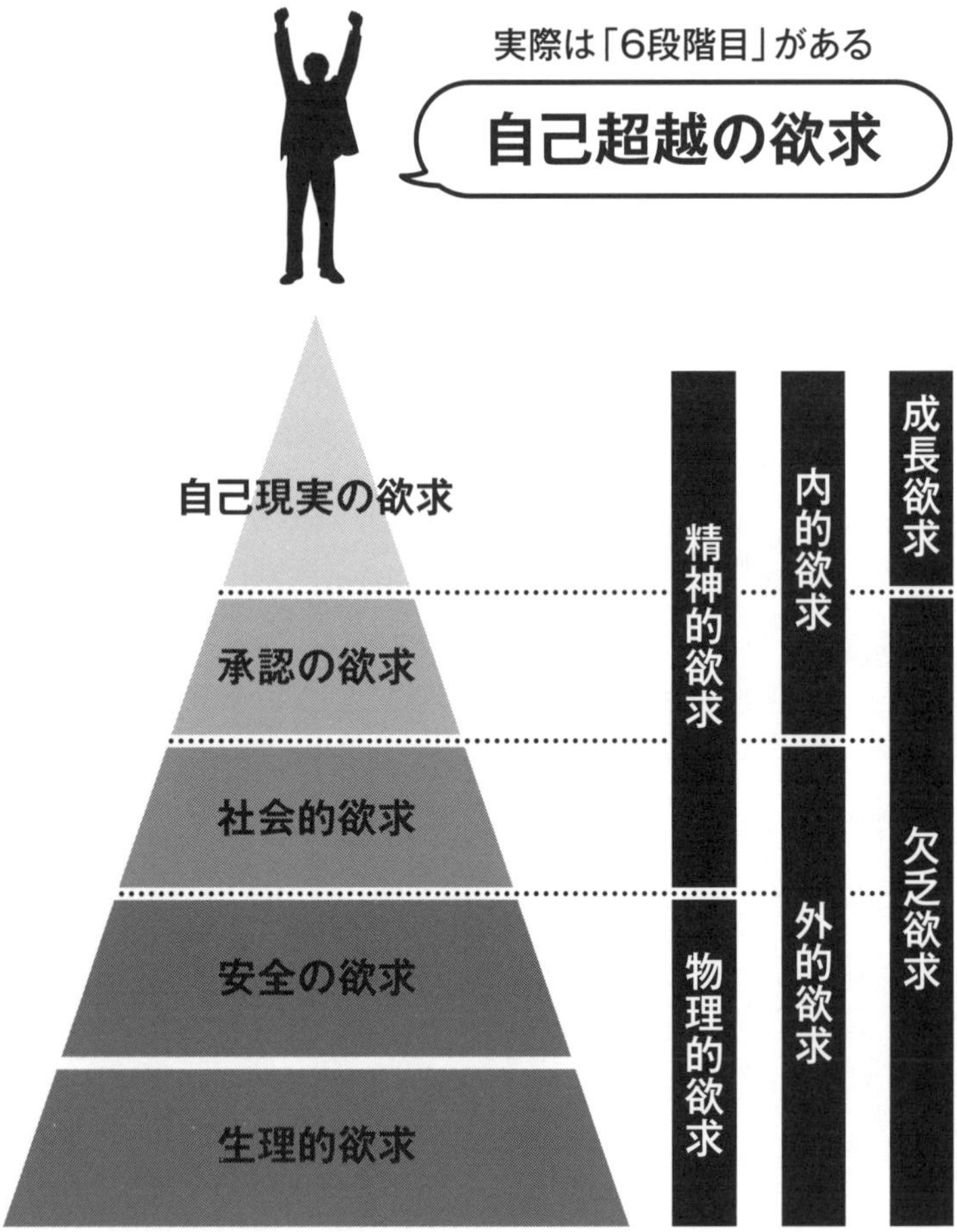

動力として、がむしゃらにお金を稼いでいくという時期も大切ではないかと思います。そこで一気にお金を稼いで弾みがつけば、ロケットスタートのような形で、目標までの到達距離が一気に縮まるからです。

なぜ多くの人が、欲望のままに行動できないのか？

それは日本人の国民性によるところも大きいでしょう。

YouTubeのライブなどをやっていると、さまざまな年代の人から「お金持ちになる自信がないが、どうしたらいいのか？」とか「成功するためには自分は何をすればいいのか」という質問をいただきます。

ただ、そういった方々の話をよく聞いてみると、どこかお金を稼ぐことに後ろめたさを感じているようなのです。実際、本書の読者の中にも、金銭欲や自己顕示欲は「悪いこと」と言い聞かされてきた人は多いのではないでしょうか？

これは、日本の教育システムの最大の弊害とも言えるでしょう。

残念ながら日本では、お金を稼ぎたいとか、高級車に乗りたい、都内の豪邸に住みたいといった欲望を口にすること自体が悪だと言われてきました。

しかし、現実的には、**成功者が挑戦し続けられる原動力は、純粋な「欲望」であることがほとんどなのです。**

人間は人間である限り、誰もが物欲や金銭欲、あるいは精神的な欲望を持っているはずです。欲望があるから、人はここまで進化してこられたとも言えるでしょう。

実際、**私の知る年収1億円を稼ぐような人は、欲望を隠すことなく、むしろ利用することで大きく飛躍しています。**

そして、自分の欲望に正直で、人と違うことを恐れません。

彼らの性格は、基本的にポジティブでネアカ（根が明るい）です。そして、どんな不幸も良いように捉えてしまう自分本位さがあります。

一代で巨万の富を築いた成功者は、シンプルに自分の個性を思いっきり発揮したいというところからスタートしています。それが行動力となり、新しいサービスやデザインを生み、人を引き付ける魅力になります。

スタート時の「欲望」は、将来の自分の成長のため

そうは言っても、やはり「金儲け」には抵抗がある、という人は多いでしょう。

そこで、そういう人たちのために、マズローの「欲求の5段階説」の説明をもう少し進めていきましょう。

欲求の5段階説の初期の段階では、欲望のまま、がむしゃらに働いてお金を稼ごうとします。

しかし、その初期の目的を達成し、ある程度の富を築いた人は、次のステップで社会との関係性を意識するようになります。

自分が満足するだけでなく、他人から評価されたい、尊敬されたいという意識が芽生えてくるのです。

これが「社会的欲求」とか「承認欲求」と言われる段階です。すでにそれなりの富を手にして、社会的名声も得ている人が、SNSの登録者数を増やしたり、「いいね」の数で一喜一憂したりするところに、そういった欲求が現れています。

さらに欲求の種類も、物欲的な欲求から内面の精神的欲求に変わり、不足しているものを充足させたいという欠乏欲求から、自分自身が成長していきたいという欲求に変わっていきます。

そして人間として成長していった最終形態として、自分がそれまでに得てきたものを他人と分かち合い、世の中の役に立ちたいとか、社会に貢献したいという気持ちが芽生えてきます。

これはマズローの「欲求の5段階」のさらに上の6段階目の「自己超越の欲求」と

いうステージに当たります。

実は欲求の5段階説には、「6段階目」があったのです。これはマズローが晩年に唱えた説とされていて、一般的に言う「5段階説」の中には入っていません。

また、マズローは、この自己超越の段階に入る人間は全世界の人口の2％くらいだろうと考えていたそうです。

しかし、私自身の場合を考えてみても、まだその自己超越の段階に達していると思いませんが、やはりその欲望の段落が、若い頃と比べると変わってきたと思っています。

とにかく初めのうちは、がむしゃらに働いて事業に成功し、お金を稼ぐという欲望が原動力となっていました。

しかし、年収1億円を達成し、初期の目標が達成された今、私を動かしている欲望の原動力は、事業で成功して多くの人々に良い影響を与えたいとか、成功体験を本にまとめて社会に役立ちたいとか、そういった社会的欲望や精神的欲望に変わってきています。

社会に貢献したり、人々に良い影響を与えたいという場合、自分自身がある程度成功して、社会的にも認知されている状態になければ、周囲に対する貢献度も微小なものになりかねません。

そこで本書を手にしている読者は、まずは欲望のままに、がむしゃらに働いてお金を稼ぎ、年収1億円という目標を身近に引き寄せることから始めてもいいのではないでしょうか。

目標を達成して成功をおさめた先では、自然に社会に目が向き、欠乏を満たす欲望ではなく、内面の成長を望むようになっています。

さらにその先には、自己超越の段階という新たな目標も生まれてくるでしょう。

そう考えれば、今のあなたも、**金儲けに対して躊躇する必要は全くないのです。**むしろ社会に影響力を持って多くの人々のために役に立ちたいと思うのであれば、今のうちに積極的にお金を稼いで成功してからでも遅くないと思います。

また、そういう前向きな欲望に素直な人こそ、ツキは巡ってくると私は思います。

扁桃体の「やる気スイッチ」を入れる

日本におけるイメージトレーニング研究・指導のパイオニアである西田文郎氏が書いた『強運の法則』という本の中でも、このマズローの5段階説と、6段階目の「自己超越の欲求」について触れられています。

自己超越の段階に達している有名人といえば、松下幸之助とか本田宗一郎のような人が挙げられるかと思いますが、西田氏はこの本の中で、このような成功者たちの脳について触れています。

そして、こうした成功者たちの脳の状態を「メンタルビゴラス（mental vigorous）」と呼んでいます。

vigorousというのはラテン語で「活発な」とか「力がみなぎる」といった意味です。そして成功する人の「メンタルビゴラス」という成功脳の状態は、「思考」「イメージ」「感情」がすべてプラスになった状態です。

私の知る強運な年収1億円以上の人たちが、「ポジティブでネアカ」だと言いましたが、まさに彼らの脳はこういう状態です。

いわばドーパミンやβ（ベータ）エンドルフィンのように人間に快楽を与えるホルモンが常に放出されているような状態でしょう。

脳の構造から見ると、私たちにこうした快楽や喜びを与えてくれるのは大脳新皮質といわれる部分です。

とくにその中の前頭前野といわれる部分は、記憶や感情の制御など、極めて高度な

図14　大脳新皮質と扁桃体（大脳辺縁系）

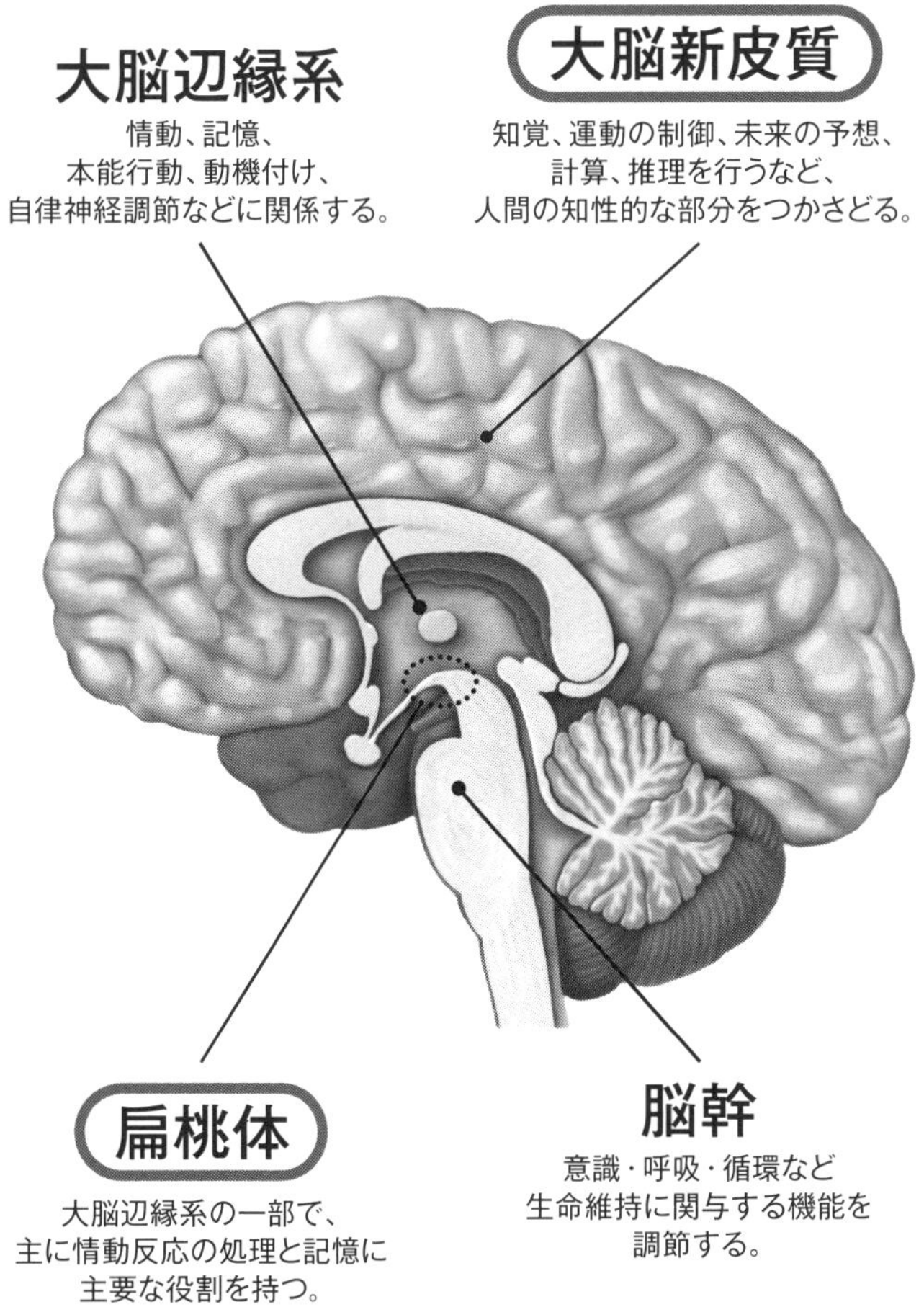
大脳辺縁系
情動、記憶、
本能行動、動機付け、
自律神経調節などに関係する。
大脳新皮質
知覚、運動の制御、未来の予想、
計算、推理を行うなど、
人間の知性的な部分をつかさどる。
扁桃体
大脳辺縁系の一部で、
主に情動反応の処理と記憶に
主要な役割を持つ。
脳幹
意識・呼吸・循環など
生命維持に関与する機能を
調節する。

精神活動を司っています（図14）。

一方、人間をネガティブな感情に持っていくのが、大脳辺縁系にある扁桃体です。大脳辺縁系は旧皮質とも呼ばれ、発生学的には古くから人間の脳に存在しています。いわば野性的な感情を創出する部分で、その中にある扁桃体も「怒り」「悲しみ」といった負の感情を引き起こします。

大脳新皮質は、こうした扁桃体の感情をコントロールするために発生したのではないかと言われているくらいです。

ただし、新皮質の神経構造はまだ未解明の分野がほとんどですので、そのあたりは脳科学の先端分野を研究する人たちにお任せしたいと思います。

一方、扁桃体は、必ずしも負の感情ばかりではなく、嬉しい、楽しいといったポジティブな感情ももたらすと言われています。

そして扁偏桃体がポジティブな方向に振れると、いわゆる「やる気スイッチ」といわれるようにドーパミンが放出されて、快楽や幸福感が得られると同時に、やる気もわいてきます。

この扁桃体の「やる気スイッチ」を入れる上でも、大脳新皮質の役割は重要になってきます。なぜなら、大脳新皮質は「イメージ」で働きを大きく左右されるからです。

第1章で述べた「前祝いの法則」は、まさに、この大脳新皮質が創り出す「成功のイメージ」と考えてもいいでしょう。

あらかじめ自分の成功イメージを作り上げることによって、扁桃体のやる気スイッチを入れ、ポジティブな状態でやる気を創出し、目標に向かって邁進していくのです。

大きな目標が明確にイメージできると、それだけでワクワクしてやる気も湧いてきます。そのイメージを明確にさせる方法として、第1章、第2章で述べたような「目標を手書きのノートに書き込む」という作業も行うわけです。

頭で考えるだけでなく手書きでノートに、それこそ脳を使って書き込むことによって、将来の成功のイメージ（本書で言えば年収1億円になったときの自分のイメージ）の解像度が、より高まっていきます。

人によってはノートに具体的な写真などを貼り付けて、よりイメージを鮮明にし、解像度を高めるというやり方をしている人もいます。

成功者のメンタルビゴラス状態も、まさにこういうことではないでしょうか。

あらかじめ成功のイメージを作り上げることで、やる気が湧き、行動するため、すでに目標到達までの道のりはでき上がっているのです。

本書の冒頭で、「新しいノートに『目標・年収1億円』と書くだけで、将来その目標を達成することができる」と言ったのが、あながち大言壮語ではなかったということがおわかりいただけるのではないでしょうか。

強運を引き寄せる6人の仲間

このように成功脳の状態にあり、常にポジティブで、前向きに進む人の周りには、同じような成功脳を持った人たちが集まります。

こうした仲間は、何か壁にぶち当たったときでも、それを超えるための後押しをしてくれることでしょう。

同じような意味合いの言葉に「5人の法則」というものがあります。

これは、アメリカの有名な起業家ジム・ローンの名言の1つで、「自分の周りの5人を平均すると自分になる」というものです。

これは簡単に言えば、人は周りの人間の影響を受けやすいということです。

例えば、自分と同じような考え・性格の人たちに囲まれている人は、人間関係に波風が立たないので安心してしまい、その環境から抜け出そうという意識が薄れていきます。

この心地よい環境を「コンフォートゾーン」と言いますが、コンフォートゾーンに居続けることによって、それ以上の自分の成長は止まってしまいます。

「5人の法則」の中でよく語られる例として、水槽に入れられた金魚の話が出てきます。5匹の金魚が入っている水槽の間にガラスの板を入れ、水槽の反対側に金魚たちが行けなくなるようにした実験です（図15）。

金魚たちから見ると、ガラスの向こうに広い空間が見えるので、そちらの方に移動しようとしますが、ガラスがあるので移動することができません。

そのうち金魚たちは水槽の反対側に行けないということがわかり、それ以上のことをしなくなります。

あるとき、そのガラス板を外して、金魚たちが水槽の反対側のスペースにも行けるようにしてあげました。はたして金魚たちは、どのような行動をとったでしょうか？

なんと、自由に水槽の反対側に行けるようになったのにもかかわらず、今までいた水槽の2分の1のスペースにとどまり、反対側に移動しようとしなかったのです。

つまり何回も反対側に行こうとチャレンジして反対側に行けなかった金魚たちは、もう反対側に行くことは無理だと諦めてしまったのです。

世の中には、この金魚たちと同じようなことをしている人たちが、大勢いるのでは

図15　金魚の水槽をガラスで仕切ったら……

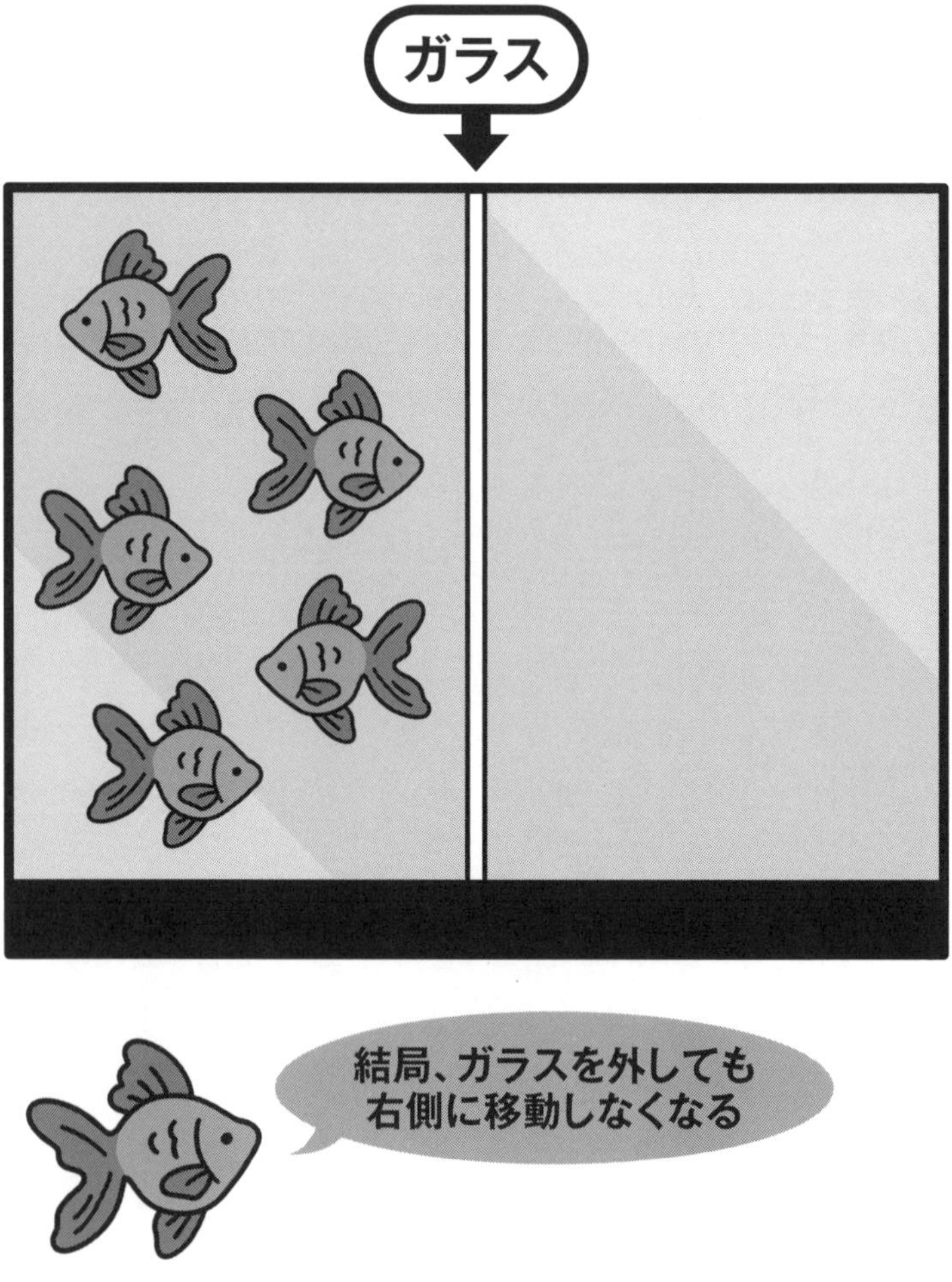
ガラス
結局、ガラスを外しても
右側に移動しなくなる

ないでしょうか。

また、年収1億円という目標に踏み出せない人たちは、周囲にそれをさせない仲間がいるのではないでしょうか？

そういう仲間は、年収1億円を目指して第一歩を踏み出そうとしたあなたに対し、「そんなこと、お前にできるはずがない」と足を引っ張ります。

すると自分もその仲間の意見に影響されて、やはり自分には年収1億円など無理だと考え、せっかく踏み出そうとした一歩を思いとどまってしまうのです。

その結果、年収1億円という目標は遥か遠くのものになり、一生実現できないものとなってしまいます。

それだけ周囲にいる仲間の存在は自分の成長にとって重要であるということです。

前述『強運の法則』の中でも、仲間の重要性について説明されています。

この中では、付き合うべき人間は5人ではなく、6人いると述べています。

6人というのは、①自分より大きく儲けている人、②厳しい年長者、③能力の高い相手、④自分を怒ってくれる人、⑤ありがたい反面教師、⑥常に自分の脳に揺さぶりをかけてくれる師、です。

6人それぞれが違った方法で自分に対してメリットを与えてくれる、バラエティに富んだメンバー構成と言えるでしょう。

この6人が自分の仲間になったら、もはや居心地のいいコンフォートゾーンに居続けることはできないでしょう。ただ、強運を手に入れるためにはそれでいいのです。

コンフォートゾーンに対して自分を成長させてくれるステージをストレッチゾーンといいます。

ストレッチゾーンに入ると新しい刺激があります。そして日々成長する実感がある一方、日常には精神的な負荷がかかります。

しかしルーティンを崩すということは、あえてこのストレッチゾーンに入る状態のことです。最初は徐々に、やがては意識してコンフォートゾーンからこのストレッチゾーンに入ることができるようにします。そうすることで、自らの意志と選択で自由自在に成長の過程を自分自身に与え続けることができます。

新しいチャレンジは時に違和感を伴います。その抵抗を感じる瞬間こそが新しい成長のチャンスと思えば、迷いも恐れもなくなるのではないでしょうか。

結局のところ強運というのは、こうした仲間の存在からも摑み取るものだと思います。仲間次第で運を引き寄せることもできるし、運を手放してしまうことにもなるのです。

「行動」することで「強運」はより身近に引き寄せられる

成功者はためらわず「欲望」を口にする

成功者の例に見るように、強運を引き寄せるためには自分をプラスの感情に持っていく必要があります。

自分をプラスの感情に持っていく上で簡単な方法は、常に前向きな言葉を述べるということです。

「自分の欲望に正直であれ」という話をしましたが、この欲望を素直に口に出すことに抵抗がある状態では、行動力や挑戦心はなかなか芽生えてきません。

「世界を相手にビジネスがしたい」とか、「お金と名声を同時に手にしたい」とか、「多くの人に影響を与えたい」といった欲望をエネルギーに変えることで、行動力はどんどん高まっていくからです。

「言霊《ことだま》」という言葉があるように、言葉には力があります。前向きな言葉を発したとき、その言葉を最初に耳にするのは、周囲の人たちではなくあなた自身です。つまり前向きな言葉は、ほかの誰でもなく、あなた自身のためにあるのです。

簡単な方法なのですが、多くの人はそれをやろうとしません。

私が年収1億円を実現できたのも、それだけ欲望を口にしたり、前向きな言葉を発したりする人がいなかったからです。

スタートの段階でライバルがいなかったので、私は目標に向かって障害なく進むことができました。

ですから読者の皆さんは、強運を引き寄せるためにも、これからはぜひ前向きな言葉を口にするようにしてください。

これを私はユーモアを込めて「言霊ブーメラン」と呼んでいます。

まだ実現するかもわからない夢や目標も、私はどんどん口に出していきます。

口に出すことで、脳からアドレナリンを放出するよう指令が出て、「やるぞ!」というように感情に働きかけます。また、交感神経節を通じて身体機能の戦闘態勢が整えられ、行動力が高まります。

さらに、欲望を口に出すことで、共鳴する仲間が集まります。ツキも集まります。

言葉が持つエネルギーにより自然と引力が生まれて、成功に必要な物質が引き寄せられてくると私は信じています。

この宇宙では、銀河系も太陽系も、地球と月も、私たち人間も、物質を構成する最小単位である素粒子でできています。

逆に言えば、私たち人間を構成している素粒子と、宇宙を構成している素粒子は全く同じものであり、私たちは宇宙エネルギーの塊だとも言えます。

そしてこの素粒子は振動します。わくわくしたり、楽しいことがあったりして、気持ちが上向きのとき、素粒子の振動数は上がります。この素粒子の振動数が多いとき、人間は成長し、時にはとんでもない発明を生み出したりして、進化します。

また振動数が上がると、そこにエネルギーが生まれて波動が発せられ、その波動が外に向かっていきます。幸運に幸運が重なるプラスの連鎖が生まれ、さらにそれに共鳴して、同じような振動数の人が自然と引き寄せられてきます。

一方、仕事で失敗したり上司に怒られたりして落ち込んでいるときは振動数も下がります。波動も外向きから内向きに変わり、悪いことにさらに悪いことが重なるといった負の連鎖が起きてきます。

結果的に成功を収めるのはそういった振動数の高い人たちです。振動数の高い人たちの中にはやたら声が大きかったり態度がでかかったりする人もいます。つまり成功者が必ずしも「いい人」とは限らないのです。性格が悪くても振動数の高い人は成功することが往々にしてあるのです。

そういう人たちは、欲望を口にすることも躊躇《ちゅうちょ》しません。むしろそれを口にすることによって高い振動数を保っています。

一方、そうした人たちを見て反面教師的にますます欲望を口にすることを躊躇してしまう人は、自分からツキや成功を遠ざけてしまっています。言い換えれば、自分から運を手放しているのです。

ですから、いわゆる嫌な奴に成功を先に越されるくらいであれば、その前に自分も躊躇《ため》らわず欲望を口にするようにしましょう。

悩むより動け

振動数を下げないための方法をもう一つご紹介します。それは「悩むより動け」ということです。

人のやる気を引き出すのは大脳新皮質の前頭前野の働きですが、この前頭前野は、行動、もっと言えばバタバタと手足を動かすことで活発化することが研究で分っています。立ち止まって悩むよりも行動することで前頭前野が活性化し、さらにはやる気ホルモンであるドーパミンが放出され、継続的で前向きなアウトプットを続けることができるようになるのです。

もちろんミスをしたときなどは、反省することも大切です。私も失敗して大きく落ち込むことはあります。

ただし、落ち込んでばかりいてもそこからは何も生まれません。何日もため息ばかりついて悩んでいるぐらいだったら、今すぐ「着手点スピードサイクル・メソッド」から始めて、落ち込みながらも前向きに行動して改善したほうが気持ちもポジティブになれます。

極端に言えば、**机の前で頭を抱えて悩んでいるくらいだったら外に出てダッシュした方が、あなたの内側の素粒子の振動数も上がります。**

行動という意味で言えば、「手を叩く」といった行為も立派な行動の一つになります。

そこで私はやる気スイッチを入れる方法として「1秒ルール」というものを定めています。これはアメリカで、長年パニック障害に悩まされていた女性を救うために作った「5秒ルール」をアレンジしたものです。

この「5秒ルール」について書いた書籍は、全米で百万部のベストセラーになったそうですが、その方法はとてもシンプルです。

行動しようと思ったらすぐに「５４３２１」と口に出してカウントダウンし、それがゼロになるまでに必ず行動に移すというものです。

私はこのルールはさらに短縮して、「上岡式1秒ルール」を創り出しました。**やり方も簡単で、両手でパチンと叩いて「よし、やるぞ!」と声に出すだけです**（図16）。

私はこの方法により、すぐ行動するスイッチを手に入れました。

行動は振動数を上げてやる気を生み出します。さらにパチンと手を叩くことによって脳の行動を喚起して、意識を引きつけるのです。加えて、同時に声を出すことで、「やる気」を出す契機を、一瞬で作ってしまうというわけです。

手を叩くことも声を出すことも、立派な「行動」です。それがトリガー（引き金）となり、自分に「やる気」をもたらしてくれます。脳内物質であるドーパミンが脳の側《そく》坐《ざ》核《かく》を刺激して、モチベーションに転換されるからです。

小さくても何か行動さえ起こせば、脳の側坐核が刺激されて、その後にドーパミンが分泌されることが最先端の脳研究から明らかにされています。

つまり、手を叩いて声に出す行為は、行動のトリガーを自由自在に操り、脳を支配している状態を生み出せるというわけです。

図16　やる気スイッチを1秒で引き出す

「よし、やるぞ！」という部分は、エネルギーが充電されるような言葉や、自分を励ます言葉でも構いません。例えば「ユーキャンドゥーイット（You can do it!）」でもいいでしょう。自分で好きなようにアレンジして、やる気スイッチであなたのツキを「オン」にしましょう。

多様性のある行動をとる

強運を引き寄せるために、「行動」が必要だということをここまで説明してきました。さらにこの行動について詳しく言及します。やる気スイッチを入れるような単純な行動の場合は別ですが、ツキを高め今後年収1億円という大きな目標を達成するためには、また別の種類の行動をとらなければなりません。

具体的に言えば「多様性のある行動」です。

これはどういうことかというと、とにかく何度も行動し、何度も失敗し、いろいろな経験を積めということです。

第1章でも述べてきた「手書きノート」の話に戻ると、目標を書き出して、そこに至るまでの課題解決の方法を自分なりにノートに書き出したら、とにかく行動に移すことが大事だということを説明してきました。

いろいろ悩み、考えて、十分なインプットをしてからアウトプットに移るのではなく、**「1」のインプットに対し「9」のアウトプットで、すぐに行動に移ることが大事なのです。**

なぜすぐに行動して、多くの成功や失敗を経験することが大事なのかということを説明します。

行動をとる場合も、毎回同じような行動をとっているだけでは新しい学びが生まれません。毎回違う行動をとることによって、そこから新しい何かを学びとり自分の糧としていくのです。

ビジネスの世界では、1つのことを極める人を「スペシャリスト」といい、多分野に秀でた能力を持つ人を「ゼネラリスト」といいます。

スペシャリストは1つの分野を深掘りし、ゼネラリストはいろいろな知識を広く浅く身につけているというイメージです。

アメリカの優良企業の経営者の中のスペシャリストとゼネラリストで、どちらが成功しているかということを調べた調査があるのですが、ゼネラリストの方が成功しており、年収も高かったという結果が出ています。

さらに最近アメリカでは、1つの得意分野だけ「広く深い」知識やスキルを持ち、さまざまな分野にも精通する「T字型」の「エキスパート・ゼネラリスト」が注目されています。

アメリカの経済雑誌『Forbes（フォーブス）』によると、エキスパート・ゼネラリストとは、「より多くの異なる学問分野、産業、国やトピックなどの専門知識をマスターし、収集する能力と、好奇心を持ち合わせる人物」と定義されます（図17）。

実際、会社の中で出世して上層部に行くのはスペシャリストよりもゼネラリストが多いと言われています。

本書の目的でもある年収1億円を達成するためには、3つの収入要件が必要だと述べましたが、その1つ目に「仕事の年収を極限まで高める」という条件がありました。その点を実現していくためには、ゼネラリストとして、さらには「T字型」のエキスパート・ゼネラリストとして成長していくことが、目標達成の近道と言えるでしょう。

もちろんスペシャリストとしての道を極めていく方法もありますが、今から新しい分野でスペシャリストになるのは難しいと思います。

スペシャリストとして成功する以上は、その分野でナンバーワンを目指さなければいけないわけですから、成功の可能性はかなり低くなります。

図17 「T字型」のエキスパート・ゼネラリスト

「多様性のある行動」の話に戻りますと、その目的は、たくさんの経験を積みそれを自分の糧としていくためです。

ただし、多様な行動をとって経験を積んだら、必ずその中から1つでも2つでも重要な部分を察知して、吸収しなければなりません。

いろいろな分野に手を出して結局何の成果もなかったというのでは、意味がないからです。

まずは行動し、そこで得た成果や失敗を生かすために、ここでも「手書きノート」を使うといいでしょう。挑戦した分野やそこで得た成果、失敗などをすべてノートに書き出しておくのです。

それを常に見直し、解決策を考え、実行していくことで、あなたの中にはさまざまな課題に対する対処法がたくさん蓄積されていきます。

それがあなたの「引き出し」を増やしていくことにつながります。

そして他人に引けをとることのないエキスパート・ゼネラリストとして成功への道が開けていくのです。

第4章

仕事の年収最大化と副業収入の勧め

給与で年収3000万円を目指し年収1億円の目標を現実化する

年収を極限まで高める

本気で年収1億円を目指す方法として、私は次の3つの複合的な収入の道を提案してきました。

①仕事の年収を極限まで高める（または会社を経営）＝労働投資
②株式投資＝金融投資
③副業＝収入のレバレッジ

今現在、私は強運とこの3つの収入の方法を組み合わせることで、年収1億円を実現しています。

年収1億円に満たない人が、こういう話をしても机上の空論にすぎませんが、私の場合は自分の実体験をベースに、それぞれの収入の方法で、現実的に年収1億円を稼ぐためのノウハウを紹介することができます。

まず①の「労働投資」、すなわち「仕事の年収を極限まで高める（または会社を経営）」というところから始めていきましょう。

年収3000万円以上のビジネスパーソンは全体の0.3％以下

今、日本のサラリーマンはどのくらいの年収を稼いでいるのでしょうか？

国税庁が2023年9月27日に発表した「令和4年分 民間給与実態統計調査」によると、日本人の平均年収は457万6000円、うち正社員だけで見た場合は523万3000円となりました。

これを見る限り、年収1億円なんて夢のまた夢のように思えますよね。

ただし、この国税庁の数字は、すべての年代層の労働者の平均給与で見ていますので、当然まだ年収の低い年齢層も統計データの中に入っています。

そこで、転職サイトの『DODA』が調査して同年12月4日に公表しているデータを見てみましょう。

すると、平均年収は20代で352万円、30代が447万円、40代が511万円、50代以上が607万円となっていました。

いずれにしても、どの年代層でも年収は1000万円にも届いておらず、それを2ケタ上げて1億円にするのは、相当大変なことになります。

そこで冒頭述べたように、給与所得だけで1億円を実現しようとは考えず、給与による年収は3000万円くらいを目指しましょう。

そして株式投資で6000万円、副業で1000万円くらいの収入があれば、年収1億円に到達します。

しかし、年収3000万円も、そんなに楽に達成できる金額ではありません。

再び国税庁の「令和4年分 民間給与実態統計調査」を見て見ましょう。

これによれば、調査対象のサラリーマン（給与所得者）約5078万人のうち、年収2500万円を超える給与所得者は全体の約0・3％（約17万人）しかいません。

同調査の統計データの最高年収が2500万円なので、このデータから年収3000万円以上の人の正確な数はわからないのですが、0・3％よりもさらに少なくなるということです。

つまり、年収3000万円以上の給与所得者は「17万人以下」、実際は10万人以下くらいだろうと思われます（図18）。

こうした統計データを見るまでもなく、皆さんはこう思うのではないでしょうか。

図18 年収3000万円以上の給与所得者は「17万人以下」

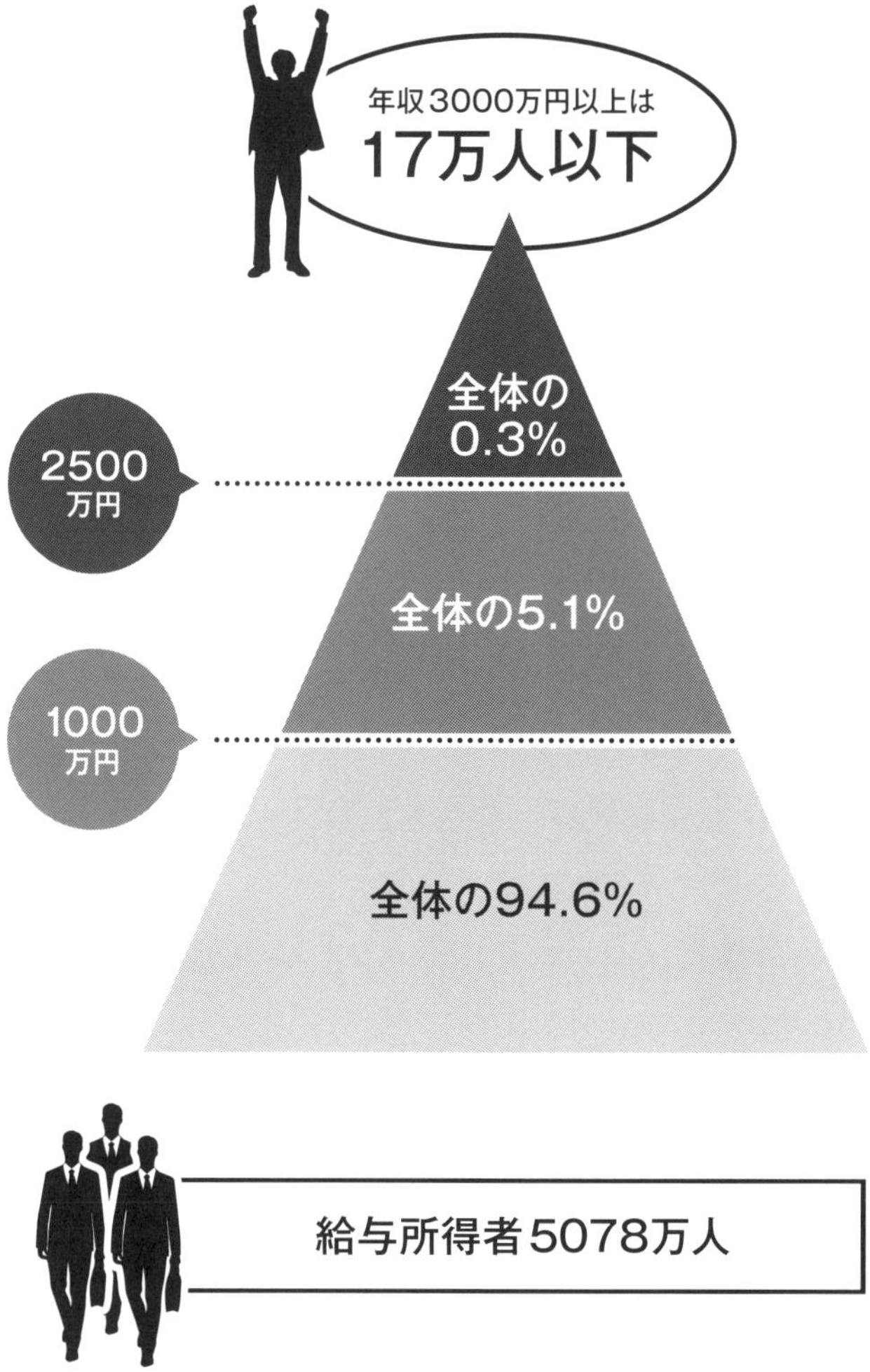

「うちの会社で年収3000万円なんてムリ、ムリ」
「これまでも頑張ってきたけど、ほんの少ししかベースアップしない」
「うちの会社は年功序列で、上司が年収1000万円なのに、自分が3000万円なんてありえない」

そんなネガティブな考えが頭によぎった人は、今すぐ自分の頭を「こつん」と叩いてください。

目を覚ませ、という意味で叩くのです。

人間は、もともと変化を望まない生き物ですから、現状維持がいちばん楽なのです。

ただ、楽な状態にあぐらをかいている間にも、あなたのライバルたちはどんどん先に行ってしまいます。

結局、現状を打破しようと行動を起こした人だけが、年収3000万円、さらには年収1億円を可能にしているのです。

まずはこのことを頭に叩き込み、決してネガティブ思考に陥らないようにしましょう。

そのために、あなたは年収1億円を目指すこの本を手に取ってくださったのでしょうから。

手取りの給料はデータ以上に下がっている

おそらく、サラリーマンの多くが「年収3000万円なんてムリ」と考えてしまう原因は、次のような現状があるからではないでしょうか。

日本人の平均年収は、バブル期をピークに減少の一途をたどっています。にもかかわらず、年金や健康保険、介護保険などの社会保険料は、年々上がり続けています。

つまり、手取りの給料は、公表されるデータ以上に下がっているわけです。

日本はモノやサービスの値段が持続的に上昇しているインフレ社会を目指しています。今はまだデフレですが、近い将来、政府が目指すインフレ社会になることはほぼ間違いないと私は見ています。

そのほうが政府にとっては好都合だからです。

インフレ社会では、物価上昇に連動して給料が上がっていくことで、実質資金へのダメージを回避することができます。

しかし日本は、「モノやサービスの値段は高いのに、収入は低いまま」という異常事態が続いています。

だから、「マジメに働いているのに給料が全然上がらない。生活もラクにならない」と嘆きたくなる気持ちもよくわかります。

それでは「給与で年収３０００万円」なんてムリと考えてしまうのも、ムリはありません。

「学習性無力感」という言葉があります。

これは、アメリカの心理学者マーティン・セリグマン博士が１９６７年に発表した理論で、抵抗することも逃げることもできない状況に長期間さらされると、そうした不快な状況から逃れようという行動すらしなくなるという理論です。

セリグマン博士は、この論を発表するにあたり、次のような実験をしました。

まず、電気ショックの流れる部屋に2匹の犬を入れます。１匹にはスイッチを押すと電流が止まる仕掛けを施します。そしてもう1匹は、何をしても電流が止まらない環境に置きます。

その結果、スイッチを押せば電流が止まるということを学習した犬は、スイッチを積極的に押すようになりました。

一方、スイッチを切る方法を与えなかった犬は、最終的に電気ショックを受けても、何の抵抗もしなくなってしまいました。

これが「学習性無力感」です。

自分が何をやっても結果が変わらないということを学習すると、どんな状況に対しても行動を起こさなくなってしまうのです。

まさに日本の多くのサラリーマンは、働いても働いても楽にならない石川啄木のような状況（※）に置かれて、「学習性無力感」から脱け出せずにいるのではないでしょうか。

しかし、本書をここまで読んでいただいた読者ならわかると思いますが、「できない理由」なんて、数え上げればいくらでもあるのです。

ですから**「できない理由」を考えるのではなく、とにかく年収を上げるための行動を起こすことが、今のあなたには何より大切なのです。**

逆を言えば、それはあなたにとってのチャンスなのです。まだこれから年収を増やしていく「伸び代」があるということですから。

このようなポジティブなスタンスで、まずは仕事の年収3000万円に到達するための方法について考えていきましょう。

（※）石川啄木の歌集『一握の砂』で詠まれた一首「はたらけどはたらけど猶（なお）わが生活（くらし）楽にならざりぢっと手を見る」より

能力さえあればいくらでも年収は増やせる

日本の高度経済成長時代は「一億総中流」と言われ、1つの会社に定年まで在籍し、多くの人が同じような経済レベルで生活していました。

しかし時代は変わり、今は高額所得者と低所得者の格差が生まれ、稼げる人はより稼ぎ、貧しい人はより貧しくなっているのが実情です。

「こんな社会にしたのは誰だ！」と怒っても現状は何も変わりません。

しかし、ちょっと視点を変えてみましょう。

今は一流大学を出て一流企業に就職しなくても、その人に稼ぐ力があれば、稼げる門戸がいくらでも開かれています。

数年前、中学3年生で月収1000万円を稼いだユーチューバー・SNSマーケターのキメラゴンさんが、稼ぐのに義務教育はいらないと発言して、大きな話題となりました。

私自身は、義務教育はしっかりと身につけるべきだと思います。

一方で、彼の発言も正論です。実際に彼はその後も年に数千万円以上を稼いでいるそうなので、説得力もあります。

要するに、今は能力やスキルさえ備わっていれば、独立していくらでも収入を増やしていける時代なのです。

自分の市場価値を上げる「自己投資」

では、サラリーマンが年収を3000万円まで引き上げるために、具体的に何をしていけばいいのでしょうか。

給与が上がらない理由が、勤めている会社の社風や制度に問題があるのだとすれば、もっといい会社に転職すればいいだけです。

つまり「キャリアアップ」です。

あるいは、年収3000万円稼げる給与制度のある会社が見つからないのだとすれば、起業や独立を目指しましょう。

そうした課題が明確になっているのですから、成果を上げて評価されるために勉強してください。

つまり「スキルアップ」です。

本書のもう1つのテーマが「強運」ですが、このように原因がわかっていて、それを改善すれば課題が解決するのであれば、「運」は自力で引き寄せられます。

キャリアアップするにせよ、スキルアップするにせよ、必要なのは、あなたの市場価値を高めるための「自己投資」です。

あなたという人材を雇うことで、企業はどんなメリットを得られるのか、それを明確に示して実績を積んでいけば、給与はおのずと上がります。

ＹｏｕＴｕｂｅの登録者数約43万人というファッションバイヤーのＭＢさんは、年収２００万円から「億超えバイヤー」になったことでも有名です。

彼があるインタビューで答えていたことなのですが、30歳までサラリーマンをやっていたＭＢさんは、手取りで20万円もいかないことがあったそうです。

そこで、「自分にはめちゃくちゃ特別な才能があるわけではない」と考えたＭＢさんは、みんながテレビを見ている間に自己投資をしようと思い立ちました。

そして結果的に、今の「億超えバイヤー」の地位を築いたそうです。

このように、自分に才能がないと思っている人も、目先の快楽のためでなく、キャリアアップやスキルアップのためにお金や時間を「自己投資」できるなら、長い目で見て大きなリターンを得られるのだと、私も思います。

勉強する人ほど市場価値が高まる

人生には多くの選択肢があります。自分の市場価値を高めることに目を向けるだけで、日々の勉強や仕事にもやりがいが見出せるようになります。

例えば、一番手軽に自分の能力を高められる勉強法は読書です。

しかし、現代社会では、ネットの普及ということもあってか、読書をするビジネスパーソンは極端に少なくなってきました。

株式会社壺中天がビジネスパーソンを対象に行った「読書習慣に関する実態調査」によれば、「月にどれくらい本を読むか」という質問に対し、次のような結果が出たそうです。

- 本を読まない人＝42・4％
- 1冊以上読む人＝57・6％
- 3冊以上読む人＝24・2％

読書をしないビジネスパーソンが全体の42・4％もいるということには、まず驚きです。

また、総務省統計局が2022年8月31日に発表した「令和3年社会生活基本調査

（生活時間及び生活行動に関する結果）」によると、有業者（仕事を持っている人）が1週間のうち学習・自己啓発・訓練に費やす時間は、平均「7分」だったそうです（研修などの時間は除く）。

これはあくまでも平均値の結果であり、実際、勉強している人の勉強時間の平均は1週間で123分だったそうです。

一方で、まったく勉強していないという人が全体の96％を占めていたため、平均では7分の勉強時間ということになったようです。

こういう調査結果を見て、あなたはどのように感じるでしょうか？

①「自分と同じように、あまり勉強してない人が多いので安心した」

②「みんながこれだけ勉強していないなら、勉強すればこの人たちに差をつけることができる」

この場合、②のように考えられる人が、結果的に年収を劇的にアップすることができます。

これは当然のことですよね。例えば同じ部署にいるAさんとBさんという2人の社員を比較したとき、会社はどちらを評価するでしょうか？

・業務知識に精通しているか⬇（A／精通している、B／普通）
・業界の情報に詳しいか⬇（A／詳しい、B／普通）
・外国語が話せるか⬇（A／英語、中国語が話せる、B／外国語は話せない）
・パソコンやネットワークに詳しいか⬇（A／詳しい、B／普通）

ここではそれぞれの性格や人柄などは考慮していませんが、単純に会社はAさんのほうを高く評価しますよね。

そしてここに挙げた項目は、勉強次第でいくらでも高められるものなのです。

社内での評価が上がれば、結果的に転職をすることがなかったとしても、年収やキャリアがアップする可能性が高まります。

これに経験やスキルが上乗せされれば、転職することで収入をあっさりアップさせられるかもしれません。

つまり、**学習という自助努力で、あなたは自分の市場価値をいくらでも上げていくことができるのです。**

実際、多くの「成功者」たちは、この事実にいち早く気づき、行動（＝勉強）に移しています。

先に紹介したMBさんは、「特別な結果を出すためには、特別な行動をしなければならない」とも言っていました。

給与で年収3000万円を稼ぐということは、他人が遊んでいる間に「特別な結果を出す」ということです。これを達成するためには、他人がやっていない特別な行動をとらなければなりません。その第一歩が、読書であり、勉強です。

そして、そこに自己投資していくことで、他人よりも一歩抜きんでることができるのです。

さらにそこから「強運」も開花させられます（これについては後で詳しく解説します）。

「自己投資」は本を読むことから

自己投資の先は、資格を取ったり、語学やビジネスツールを使いこなすスキルを磨くスクールに通ったり、異業種交流会やセミナーに参加したりなど、目標によってさまざまです。

ただ、自己投資も株式投資などお金の投資と同じで、やみくもに行うだけでは、お金と時間のムダになります。高いお金を払ってセミナーに参加しても、それが自分の仕事と関係ない分野だったら、ムダにはならないまでも、年収アップには結びつきません。

そこで、**自己投資できる要素が思い当たらないという人は、まず自分の仕事に関係しそうな本を片っ端から読んでみましょう。**

ビジネス書で勉強して、ムダになるということはまずありません。

私も若い頃には1日1冊以上のビジネス書を読み、それを糧にして経営者やマーケティングコンサルタントとして第一線で活躍するまでになりました。

成功者の例でいえば、マイクロソフト社の創業者ビル・ゲイツも、読書家で有名です。動画配信サイト『ネットフリックス』で、『天才の頭の中：ビル・ゲイツを解読する』というドキュメンタリーが公開されているのを見ましたが、その中でも彼が読書をするシーンが頻繁に出てきます。

ビル・ゲイツの部屋の壁は書棚で埋め尽くされ、その書棚にはたくさんの専門書が所狭しと並んでいます。

その動画の中で、本を選ぶ基準を尋ねられたビル・ゲイツは、「いくつかテーマがある。健康、エネルギー、気候変動……、その中でとにかく良書があったら読むようにしている」と答えています。

また、ある雑誌の記事には、彼はマイクロソフト社のＣＥＯだった１９９０年代から、１週間に最低1冊は本を読み、年に1度は、1週間の「Think Weeks（熟考するための週）」という時間を持って、とにかくその間、本を読みまくる、と書いてありました。

実は私もビル・ゲイツと同じ本の選び方をしています。

例えば、興味のあるテーマ、これから取り組む新しい分野などに関しては、関連書をとにかくまとめて10冊ほど読みます。

特に新しい分野の書籍に関しては、どれが良書かどうかもわかりませんから、とにかくためになりそうな本をたくさん読みます。

同じ分野の本を何冊もまとめて読むと、そのうちすべての本に共通する共通言語、つまり法則のようなものが見えてきます。

そうなると、何か悟りを開いた境地のように、そのテーマや分野に必要な要素が、共通する部分からするすると頭の中に入ってくるのです。

ですから、皆さんも自己投資に迷ったら、とにかく読書。そして、もしテーマや分野に精通したいと思うのであれば、10冊をまとめて読む「片っ端から読み」をお勧めします。

これはビジネスに限らず、株式投資の知識を獲得する際にも有効な方法です。この点は第5章でも詳しく説明していきます。

自己投資は「粗利」を意識せよ

自己投資を行う際は、それによってどれだけの「粗利」がとれたかということも重要です。

そして、**粗利がとれないものは、自己投資ではなく「浪費」**です。

たしかに、自己投資をしてもそれが給与に反映されないのであれば、意味がありません。年収で1億円（給与収入で年3000万円）を目指すあなたであれば、なおさらです。

その意味では、読書はそれほどお金がかからない上に効果も高いので、粗利率の高い自己投資だと言えます。

同様に、質の高いYouTube動画や、学習用のスマホのアプリなど、粗利率の高い自己投資は、たくさんあります。

そのほかの例を挙げると、経営コンサルタントの勝間和代さんは、TOEICのスコアが100点アップするごとに、年収は10％アップすると言っています。

仮に現在TOEIC500点の人が900点まで伸ばすことができれば、それだけで年収は複利で40％アップする計算になります。

もちろんすべての人が同じように給料アップが見込めるわけではありませんが、同じ仕事をするのにも、英語を使えれば、外資系企業への転職も視野に入ってくるため、給料が上がる可能性は高まります。

もちろん英語でなくても、マーケティングやファイナンス（財務）の知識など、役立つものならなんでも構いません。

要は、それを学ぶことによって、粗利が増えればいいのです。

英会話学校や簿記の資格のスクールなどは、読書ほど安上がりではありません。

しかし、例えばそこで授業料として支払った100万円によって年収が300万円アップするのであれば、10年で3000万円ですので、相当高い粗利益を確保することができます。

ちなみに粗利益は、財務の用語では売上総利益と言います。簡単に言うと、売上げから材料費などの原価を差し引いた利益です。

そこから人件費や広告宣伝費など必要経費を引いた残りの利益が営業利益、さらに本業以外の支払利息などを差し引いた利益が経常利益、そこから税金などを差し引いて残った利益が当期純利益です。

このように、さまざまな経費や税金を差し引いて、最終利益である当期純利益に至ります。

そのため、最初の利益である売上総利益、つまり粗利は通常、プラスになります。売上より原材料が高いなどということは、普通はあまりないですからね。

ところが実際には、売上総利益が赤字という会社もまれにあるのです。

原材料の高騰などがその原因にはあるのですが、それにしても売上総利益が赤字という状態は、経営のほうも相当危うい企業がほとんどです。

つまり、ビジネスの世界では、粗利がプラスであることが必須なのです。極端にいえば、**粗利の出せないビジネスは、続ける意味がありません。**

皆さんも自己投資をするときには、必ず将来の粗利が取れるものに投資するようにしてください。

そうしなければ、自己投資にかける時間もお金も、すべてムダになってしまいます。

一点突破の集中力を生むためムダなものは捨てる

お金を増やしたい本当の理由は何か？

ここまで、自己投資をして仕事に必要なスキルを磨いていくことの重要性を述べてきましたが、問題は、それをいかにして長く続けていくかということです。

スキルを向上させると言っても、あまり自分に向いていないこととか、気が進まないこと、やりたくないことを無理やりやろうとしても、長続きはしません。

では、あなたが本当にやりたいことは何なのか？

それを確認するために、もう一度本書の冒頭で述べてきた「手書きのノート」を取り出してみてください。そして、あなたはなぜお金を増やしたいのか、年収1億円を目指したいのか、なぜこの本を手に取ったのかという理由を書き出してみてください（図19）。

「お金に悩まず好きなことをやって生きていきたい」

図19 なぜ年収1億円を目指すのか再確認

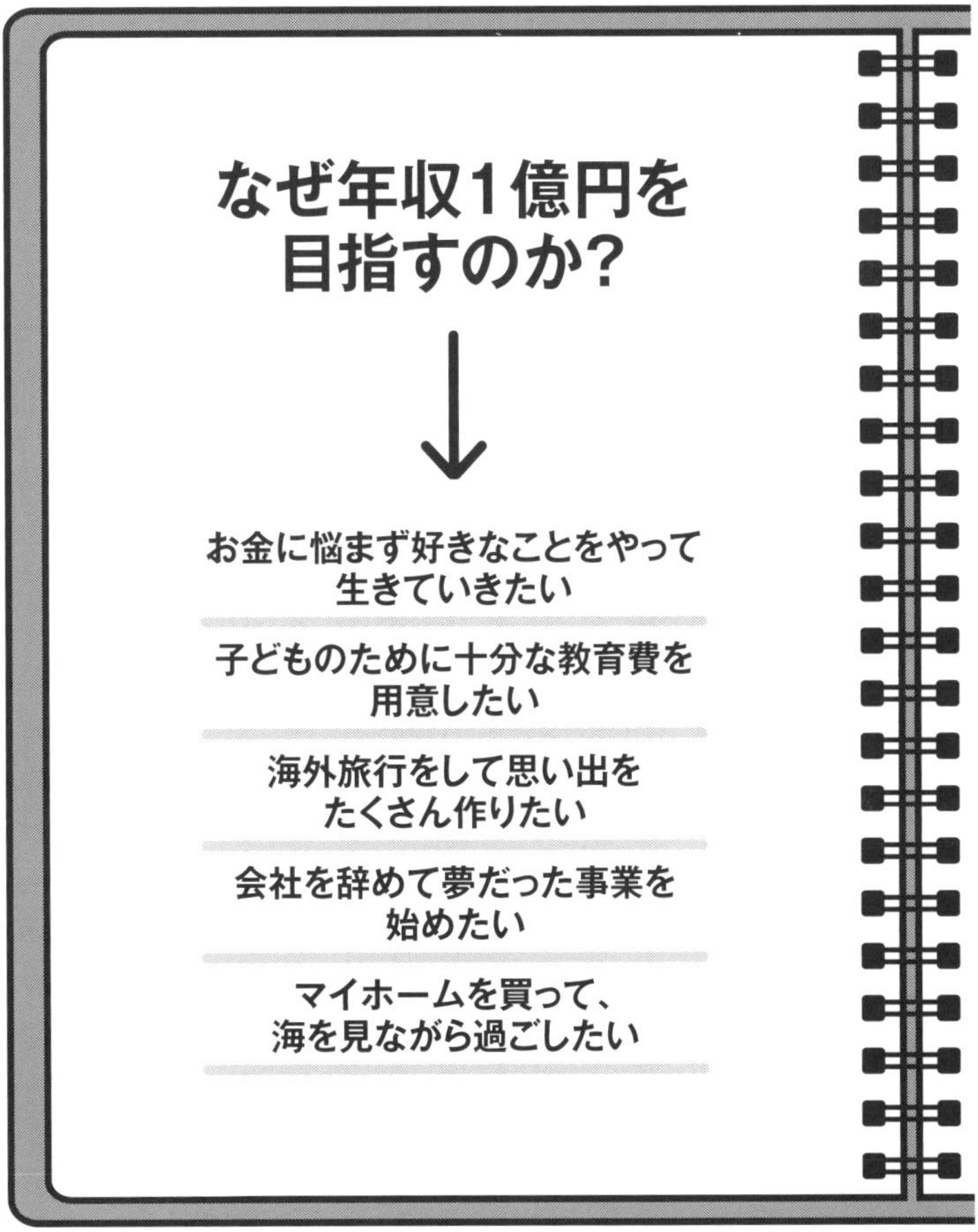

「子どものために十分な教育費を用意したい」
「海外旅行をして思い出をたくさん作りたい」
「会社を辞めて夢だった事業を始めたい」
「マイホームを買って、海を見ながら過ごしたい」

あなたが心の底から願っていることをこのように書き出してみると、その目標に向かって「自己投資」を頑張れるものです。

お金を増やしたい理由を曖昧にしていると、モチベーションを保ちにくくなります。

そこで、ここに書いた「お金を増やしたい理由」は、何度も見返すようにするか、目につく場所に貼っておくといいでしょう。

人間は、とにかく忘れやすい生き物です。自分が掲げている目標を毎日のように目にすると、現在の自分と理想の自分との距離を常に確認でき、その距離を縮めるために頑張ろうというモチベーションを維持しやすくなります。

情熱を持てることにこそ「自己投資」できる

お金を増やす理由を明確にしても、どうしても自己投資へのモチベーションが上がらない人は、自分が本当にやりたい仕事はなんなのかを、一度真剣に考えてみることです。

もしかすると、今の仕事はあなたが本業にすべき仕事ではないのかもしれません。

人生は一度きりです。あなたがこれまでスキルアップやキャリアアップのための自己投資をすることができなかったのは、その仕事に情熱を持てなかったからではないでしょうか。

仕事にやりがいを感じて情熱を持てれば、おのずとモチベーションは高まるものです。

「失敗を恐れてばかりいると、本来手に入れるべきものが、あなたの人生から遠ざかる」

これは、私が投資雑誌のインタビューなどで聞かれたときに、よく言う言葉です。

「そうは言っても、生活のために今の仕事を続けなければならないし、理想と現実は違う」と思うかもしれませんね。

しかし、そんなことを言っていては、自分の未来を変えることはできません。人生のシナリオは、この瞬間も無限に分岐しています。

未来にいくほど扇状に無数に広がっていくフローチャートのシナリオの中から、ベストな答えを探していくゲームのようなものです。ハッピーエンドもあれば、バッドエンドもあります。

この状況で未来を変えるために果敢にチャレンジしない人は、残念ながら、そもそもお金持ちになどなれない人です。

厳しいようですが、それが現実です。

「仕事がだるい」「働きたくない」と思っている人に、どこからともなく大金が降ってくる、などというシナリオはあり得ません。宝くじが当たって億万長者になるのを夢想するのと同じです。

結局、お金持ちになれるのは、情熱の炎を燃やしながら、目の前のことに懸命に頑張れる人です。

情熱があるからこそ、自己投資を怠らず、転職や起業でキャリアアップを重ねて年収を増やし、その資金を投資に回していけるのです。

仕事への情熱がなければ、あなたの成長はそこで止まります。市場価値は下がるばかりで、誰もあなたにお金を払おうとはしないでしょう。

そのために、今からいかにして自分の価値を高められるかを問われているのです。

何歳からでも「やりたいこと」を見つけて、一心にそのことに情熱を注いでいきましょう。

99%のムダを捨てて、1%に集中する

では、自分が「やりたいこと」を見つけるにはどうすればいいか？

その方法として、私は、日頃から自分に何かしらの「問いかけ」を行うということをしています。

たとえば次のような感じです。

「これは本当に自分がやりたいと思っていたことなのか」

「お金のためだと思って、自分の心に嘘をついていないか」

「これをやるのは自分ではなく、ほかにもっとふさわしい人がいるのではないか」

やはりこれも、心に思うだけでなく、手書きのノートに書き出します。

勘の良い読者の方ならおそらく気づいたと思いますが、こうした言葉をノートに書き出している時点で、すでに自分の選択肢は決まっているのです。

つまり、今やろうとしていることは、自分が「本当にやりたいこと」ではないと。

そして、その心に思っていることが、文字に書き出すことによって明確になります。

すると、次のような決断ができるようになります。

「この選択はやめておこう」

これは、思い切った決断というより、投げやりのように思えるかもしれません。

しかし、実は自分が本当にやりたいことを見つける上で、この「捨てる技術」ということも、非常に大事なことなのです。

今から10年ほど前になりますが、Ａｐｐｌｅ、Ｇｏｏｇｌｅ、メタ・プラットフォームズ（旧Ｆａｃｅｂｏｏｋ）、Ｘ（旧Ｔｗｉｔｔｅｒ）のアドバイザーを務めたグレッグ・マキューンという人が書いた『エッセンシャル思考』という本があります。全米でベストセラーになり、その後日本にも輸入されました。

このエッセンシャル思考のポイントは「捨てる」ということです。

しかも少しのものを捨てるのではなく、「99％のムダを捨てて、１％に集中する」とまで言っています。

なぜ、ムダを捨てる必要があるのでしょうか？

私たちは、膨大な情報と選択肢が存在する時代を生きています。しかも、ＩＴ技術の発達で、それらのことを同時にこなすことができるようになりました。

そして、たくさんのことを一度にこなせる人が優秀だという考え方が定着し、それでなくても忙しい日々に、もっと多くの活動を詰め込もうと、皆が懸命に活動するようになってしまいました。

しかし、**「全部やってやろう」とか「全てを手に入れよう」とするうちに、私たちは何かを失っていきます。**

人が一生のうちで使える時間は限られているのに、自分の時間とエネルギーをどこに注ぐか決められず、その多くをムダに費やしてしまいます。

そうしているうちに、自分がやることを、会社の上司や同僚、顧客、家族などが決めてしまいます。

そして思考することを放棄してしまい、自分にとって何が本当に大事なことなのかわからなくなってしまうのです。

だからこそ、「捨てる決断」が非常に重要になってきます。

そして、要らないものを捨てると、必要なものだけが残ります。

エッセンシャル思考の理論で言えば、そこに残った「1％」のものに集中するのです。

人が一生で使える時間は限られていますが、同時にその人が持つ能力も限られています。

私は、人の能力に違いがあるとは思いません。

同じ能力なら、なぜ「できる人とできない人」「成功する人としない人」「お金持ちと貧乏人」というように、格差ができるのでしょうか？

それは、その人が、本当の自分の力を100%発揮していないからです。

仮に100%の力を出し切っていたとしても、うまくいかなかったり、ライバルに負けたりしているのは、自分が本来力を出せない分野で力を出そうとしているからです。

では、**自分が本来の力を発揮できる場とは何でしょうか？**

それは、自分が「本当にやりたいこと」です。

それを見つけるために、常に自分に問いかけます。「これは本当に自分がやりたいことなのか？」と。

そしてそれをノートに書き出すと、「本当にやりたいこと」と「本当はやりたくないこと」の違いが明確になります。

そうしたら、「やりたくないこと」のほうは、思い切って捨てましょう。

そして残った「本当にやりたいこと」のほうに「一点集中」するのです。

一点集中の力は、ものすごいパワーを発揮します。

例えば、図20を見ていただくとわかるように、ホースから出てくる水で車を洗うことくらいはできるかもしれませんが、金属に穴を開けることはできません。

しかし、水の勢いを一点に集中し、そこから噴出させると、金属さえも切断できる

図20　集中して出すとものすごい威力に

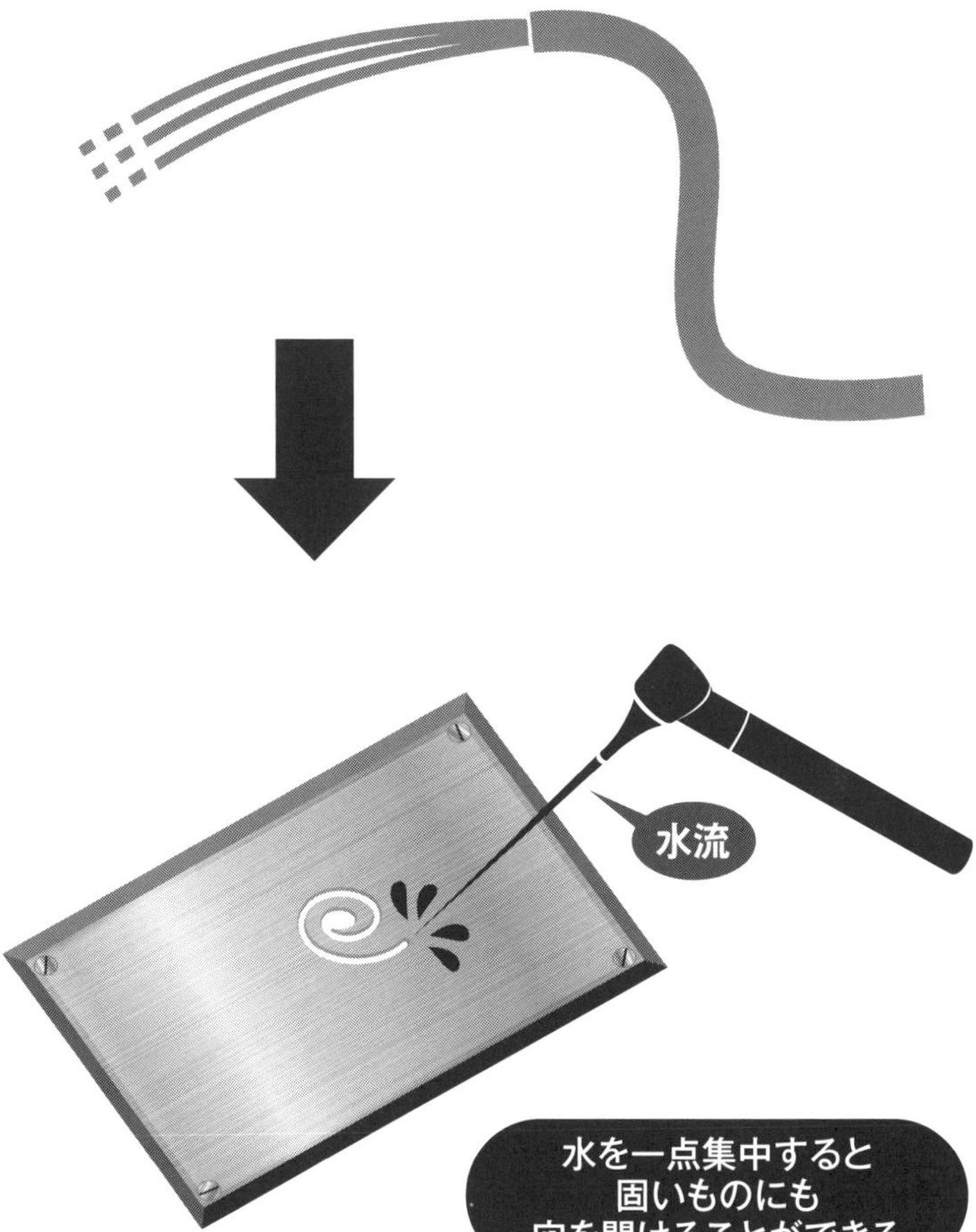
水流
水を一点集中すると
固いものにも
穴を開けることができる

ほどの威力を発揮します。

同じように人間のエネルギーも、一点に集中していくことで、ものすごいパワーを発揮します。

「自分には才能がない」などと諦めている人も、もう一度考え直してみてください。

あなたにも、誰にも負けないようなことを成し遂げるエネルギーが、必ずどこかに眠っているはずです。

ですから自分がやりたいこと、やるべきことをいろいろ分散させず、1つに絞って伸ばしていくことが効果的なのです。

自分がやりたくない仕事や、気持ちの乗らない仕事をやっていても、自分が持っている実力の半分から3分の1くらいしか力を発揮することはできません。

逆に言えば、**3分の1の力で年収500万円を稼いでいるあなたは、本当にやりたいことを見つけてそこに100%の力を注ぎ込むことができれば、それだけで年収を1500万円まで上げることができます。**

それによって、「給与で年収3000万円を稼ぐ」という目標の半分は達成したことになります。

スキルを飛躍的に向上させる「問いかけ力」

「丸パクリ」も、ただ真似するだけでは無意味

自分の本当にやりたいこと、やりたくないことを見つけるとき、自分に「問いかける」ことが有効だと説明しました。

実はこの「問いかけ力」は、実際のビジネスにおいても非常に重要なノウハウなのです。

例えば「これは本当に合っているのか？」「この金融勢力の動きは何を意味しているのか？」「何かしらのシグナルじゃないのか？」「このニュースはどのような形で自分に関係してくると考えればよいのか？」という具合です。

このように常に自分に問いかけることによって、問題意識が自然と芽生えてきます。その問題意識を持って未来を予測すると、仮説力も磨かれていきます。

ビジネスや株式投資の世界では、「他人の真似をすることが成功の秘訣だ」みたいな

ことを呟いている人がたくさんいます。

確かに、優れた成功者たちの「丸パクリ」をすることが、成功への最短距離であることは間違いありません。

しかし、「丸パクリ」する際にも、やはりちゃんと自分に問いかけながら、自分で問題意識を持ち、仮説を立てながら人の真似をするからこそ、最終的にはその真似が最短ルートで成功に近づくのです。

「人の真似をしても、結局はそれが自分の道に置き換わっている」ということが大事なのです。

「あれ、真似していると思ったら、いつのまにか自分のやり方になっちゃった」

これが成功の秘訣です。

何も考えずにひたすら他人の真似だけしていて、上手くいくほどビジネスの世界は甘くありません。そのためにも、この「問いかけ力」を磨いていく必要があります。

自分に「問いかける」だけで答えは9割見つかる

「問いかけ力」と似たような言葉に「質問力」があります。

しかし「質問力」は、どちらかというと相手から何か答えを引き出すときに使うノウハウだと思います。

「質問力」に長けた営業マンは、質問によって上手に相手からニーズを引き出し、そのニーズをうまく埋めていくことによって交渉を成立させたりします。

一方、「問いかけ力」というのは、例えば目の前に大きな壁が立ちふさがっているとき、どうしたらその壁を越えられるのか、自らに問いかけながら、なんとか答えを捻出しようとします。

答えを他人に委ねるのではなく、まずは自分のなかから目の前の課題をクリアする方法を絞り出していくのです。

その自らへの問いかけは、目の前の壁が大きければ大きいほど、さらに言えば「この壁の向こうには大きな成功が待っている」というイメージが作り上げられればられるほど、切実なものになっていきます。

そうすると、いやでも自分でその問いの答えを必死に見つけ出そうとするようになるのです。

そして考えに考え抜いた結果、結論が出ないこともあるでしょう。

そこで初めて、書店に行ってその解決法を示してくれる書籍を探します。

あるいはセミナーに行って、講師に対して質問をします。

そのように言うと、やっていることは質問力と同じではないかというふうに思う人もいるでしょう。

しかし、その中身は全然違います。

例えば、自分への「問いかけ」を行ってから書店に駆け込んで関連の書籍を探すと、必要な答えが書かれた書籍がすぐに見つかるのです。

自分で探すというよりも、答えが向こうから飛び込んでくるという感じです。

なぜなら、すでに自分の中で答えをほぼ掴みかけているので、極端に言えば、書店では答えを見つけるだけだからです。

要するに、そこで書籍を探している段階は、「答え合わせ」の段階なのです。

セミナーの講師に質問する場合も同様です。

わからないからといってゼロからその質問をしたら、講師のほうもゼロから説明しなければならず、回答も散漫になります。

そのため本当に聞きたかったことも、不十分なままに終わってしまいます。

しかし要点を絞り込んで質問すれば、欲しい答えがピンポイントで返ってきます。

私もセミナーの講師をすることがあるのでよくわかりますが、そうした練りに練られた質問に対しては、こちらも真剣に答えようとします。

それによって、質問者が得られる回答の質も格段に上がります。不明瞭だった問題解決の解像度も上がると言っていいでしょう。

「問いかけ力」の最大のメリットはそこにあります。

そして年収を3000万円に

「問いかけ力」のメリットは、情報を自ら探せるということ、また情報を取捨選択できるということです。

YouTubeのライブなどでよく、視聴者の方から次のような質問を受けることがあります。

「上岡さんの本をたくさん読んでいますけど、すべてを覚えられません。私の記憶力が足りないのでしょうか？」

この人の場合、自分の能力が劣っているのではないかという誤解をしているようですが、そんなことはありません。

本を1冊読んで、その内容を3日後に覚えている人はいません。ほとんどの人が、その内容の7〜8割を忘れています。

エビングハウスの忘却曲線という言葉をご存知でしょうか。

図21のように、人は記憶した内容を20分後に40％、翌日には75％忘れてしまうというものです。

ただし、エビングハウスの忘却曲線は「ストック情報」の実験です。記憶したいと強く意識した被験者たちの結果です。

それに対し、私たちが普段目にしている書籍やニュースの拾い読みというのは、もっとライトな、いわば目に軽く触れてみる程度のものです。

つまり、記憶にとどめるというより、流れ作業の中で次から次へと情報を目に触れさせていくことが普段は多いでしょう。

こうした情報を私は「フロー情報」と呼んでいます。

フロー情報はストック情報に比べて、脳が一時記憶として留めておけないため、徐々に忘れていきます。

人の脳は、私たちが考える以上に効率的にできています。

脳が1日に使う熱量は、その他すべての私たちの臓器が使う熱量の合計よりも多いのです。

図21　人の記憶はすぐに薄れる

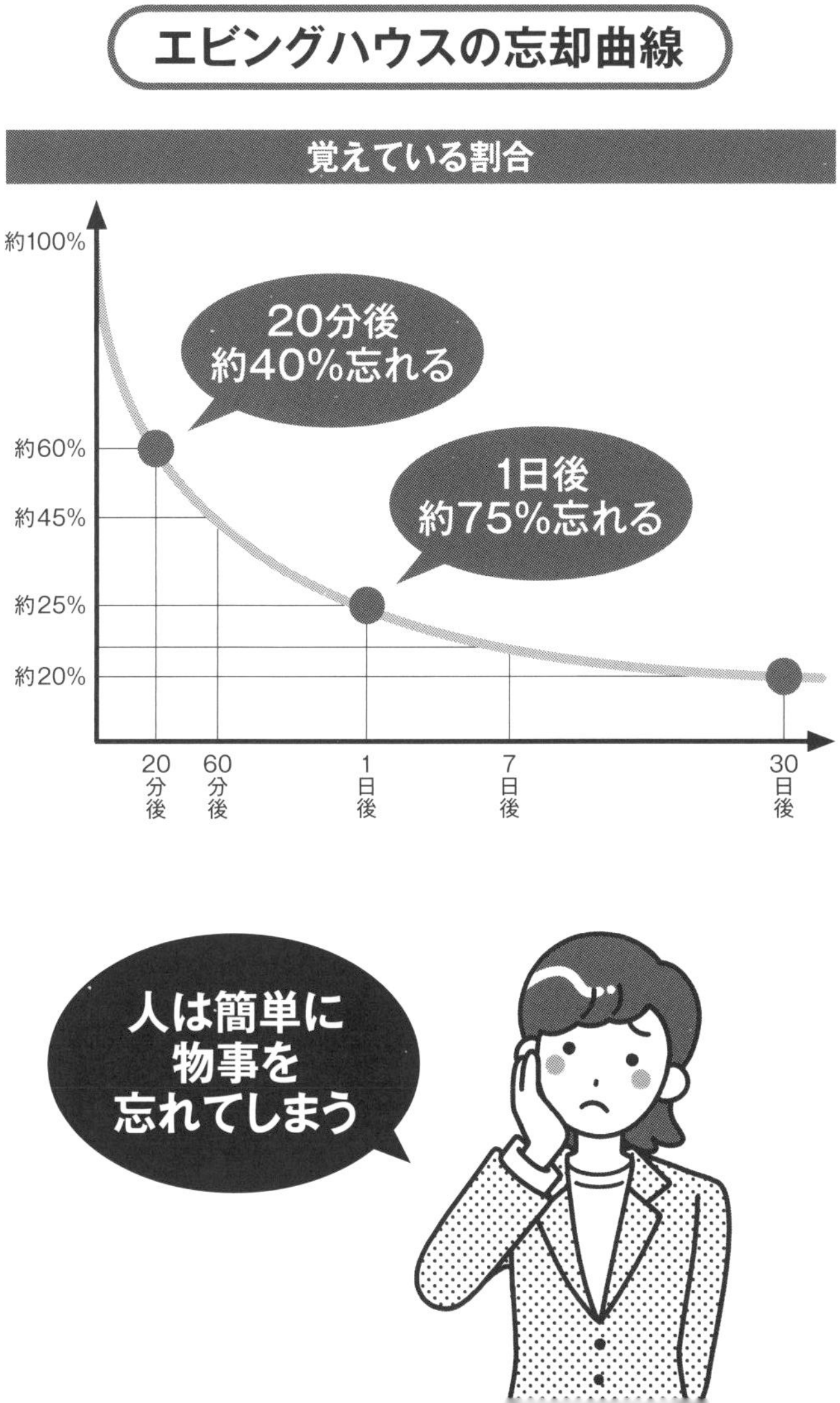

逆に言えば、今すぐ使う必要がない記憶にエネルギーを使うほど、脳はスペックに余裕がありません。

もしそうであれば、最初から忘れてしまうフロー情報に時間を割いても、効果は限定的です。

そのため、私の場合などは、今すぐ仕事で使えそうな情報だけを優先してインプットして、あとは切り捨てます。

これをビジネスの世界では「スキミング」と呼んでいます。必要な情報だけを集中してインプットする手法です。

この、必要な情報だけを集中してインプットする段階で、まさに「問いかけ力」を使うのです。

「この情報は本当に今の自分にとって、あるいは今回の仕事にとって必要なのか」ということを自分に繰り返し問いかけていくと、自然と不要な情報を切り捨て、必要な情報だけを残すようになります。

これは先述した「エッセンシャル思考」の手法でもあります。

このように、**「問いかけ力」「スキミング」「選択と集中」の手法を組み合わせていくと、必要な情報だけが実に効率的に収集できるようになります。**

極端な話をすれば、本書を読む場合でも、目次だけ見れば必要な情報をスキミングすることができます。

このような手法を取り入れていくことで、あなたの仕事の効率は劇的に向上することでしょう。

「強運」というのは、このように自らに内在する力を最大限引き出して「偶然性」を排除し、思い通りの結果を得ようと努力する人ほど強くなります。

ルーレットで狙った数字の上に球が落ちるのは「偶然」ですが、仕事においてはその「偶然」を自分の力で限りなく「必然」に近づけることができます。

仕事を劇的に効率化させて2倍のパフォーマンスを上げるようになれば、年収1500万円を3000万円にすることができます。

この年収1500万円というのは、前節で述べた、本気でやりたいことを見つけてそこに100％のエネルギーを注ぎ込み、年収500万円から1500万円に引き上げた結果の年収です。これを2倍にします。

すると初期の目標はクリアできることになります。

強運を手に入れて年収1億円になるための最初の関門が、これでクリアできました。

「高速仕事術」で弾みをつける

「時間がない」という言い訳

ここまでの説明で、「自己投資」と「問いかけ力」の重要性は理解していただけたと思います。

ただし、ここで多くの人が躊躇する問題があります。

「だけど、時間がないんだよね……」

ということです。

しかし、あなたの脳裏に浮かんだ、そんな考えはすぐに捨ててください。これも先述した「捨てる技術」の応用です。

「できない理由」をあげればキリがありません。もし時間がないというのであれば、「どうすれば時間を作れるか」「何を選択するか」を考え抜きましょう。

人生という時間は有限です。時間を自分の理想どおりにコントロールすることが、豊かな人生を送るためには必要なのです。

日常の仕事や生活に追われて自己投資の時間が取れない人は、すぐに「高速仕事術」を実践しましょう。

高速仕事術は、脳の特性を利用して、タスク処理を高速化させる働き方です。

脳のパワーを最大化させる方法を知るだけで、普段より格段に速いスピードで仕事や勉強をこなすことができます。

私は脳科学の知見から高速仕事術を考案し、自らの成功哲学のもとに実践しています。

私が経営者でありながら、大学の講師、ビジネス作家、ユーチューバーと、いくつもの仕事を同時並行でこなせているのは、この高速仕事術のおかげです。

高速仕事術によって生まれた時間を、自己投資の時間に効率よく回す。この複利のサイクル（循環）ができあがれば、誰もがみるみる自己成長していけるはずです。

人生において「時間がない」と感じている人は、実は「時間の作り方」を知らないだけなのです。

時間を味方につければ、人生において巡ってくる「運」の数も増えます。1枚の宝くじより100枚、1000枚の宝くじのほうが当たる確率が高くなるのと同様、時間を自由にできる人は、「強運」を引き寄せる可能性も高くなるのです。

そこで、この高速仕事術を実践すれば、仕事や学習のスピードが驚くほどアップし、自由になる時間が圧倒的に増えていきます。

ここでは、そのノウハウをいくつかご紹介しましょう。

①隙間時間を作らない

私の高速仕事術の1つは、「隙間時間を作らない」ことです。

私は早朝5時間から7時までの超集中タイムと、午前、午後、夕方と、作業時間を4つのブロックに分けています。それぞれ2時間ごとに集中をキープして、スタートダッシュで仕事をしています。1日に4回、このスタートダッシュを決め、それぞれ2時間の作業中は、よほど必要に迫られない限り、コーヒーを淹れるために席を離れたり、部下と世間話をしたり、散歩に出たりしません。移動も極力控えます。つまり、最初から余計な隙間時間を作らない工夫をしているわけです。

②IOK高速サイクルを回す

高速仕事術は、Ⓐインプット（情報収集）、Ⓑアウトプット（行動）、Ⓒ改善の3タームを、時間差なく同時サイクルで回し、仕事を進めていく働き方です。

実は、誰でも仕事をするときには、必ずインプットとアウトプットと改善を繰り返しているはずなのです。

例えば、あなたが新しいプロジェクトのリーダーに選出されて、予算をとるために、1週間後までにそのプロジェクトのプレゼンテーションをしなければならないとしましょう。そのときあなたは最初に何をするでしょうか？

まずはプロジェクトの計画書をわかりやすい企画書に落とし込んだり、プレゼンテーション用の資料として落とし込むために、企画書の作り方を本で学んだりするとします。これが「インプット」です。

その後、実際に企画書やプレゼンの資料を作成するという「アウトプット」をして、上司からの意見を聞いたりしながら、「改善」を重ねていくことになります。

このように、あらゆる仕事は「インプットとアウトプットと改善」をサイクルさせることで前に進んでいくのです。

つまり、仕事を高速化させるということは、Ⓐインプット（情報収集）、Ⓑアウトプット（行動）、Ⓒ改善という3つのタームをできる限り速く、できれば同時に回していくことを意味しています。

反対に、仕事が遅いタイプの人にありがちなのは、インプットに必要以上の時間をとってしまうことです。

企画書を書くノウハウを調べ出したら、さまざまな人がそれぞれの切り口でノウハウを解説しています。

選択肢が増えていくと、どれが自分に適した方法なのか迷いが生じ、結果としてアウトプットにも時間がかかってしまいます。

また、仕事が遅い人は、完璧主義者であることが多く、1回目のアウトプットで100点の出来映えを目指してしまいます。そして結果的にアウトプットを遅くしてしまっているのです。

この場合、すべてのプロセス上に「改善」というタームがあれば、初めは100点を狙うよりも、60点くらいの出来でアウトプットし、上司のアドバイスやさらなるインプットをして100点へとブラッシュアップしていくことのほうが効率的です。

1人で悩んでいる時間がなくなるため、仕事はあっという間に終わっていくでしょう。

このように「インプット×アウトプット×改善」を高速でサイクルさせる意識を持つことを、私は「IOK高速サイクル」と呼んでいます。

あなたがもし、自分の仕事がなかなか終わらないと悩んでいるならば、「IOK高速サイクル」が回っているか、常に意識してみましょう。

③一点突破のフォーカス力

今やまんべんなく頑張ることが成果につながる時代は終わっています。

必要なのは、一点突破のフォーカス力で、仕事をバリバリ進めていくスピード感です。

フォーカス力を高めるために一番いいのは、「経験」です。

経験を積んでいけば、おのずと重要なものが何なのか見極められるようになっていくでしょう。

しかし、今日のネットワーク社会で「経験を積んでから」などと悠長なことを言っていたら、時代から取り残されてしまいます。企業にも人を育てるような体力が残っているのは、一部の大企業くらいなものでしょう。

では、どうすればいいのでしょうか？

あなたがフォーカス力を高めるためには、とにかくすぐにアウトプットを始めるしかありません。仕事で成果を上げられない人は、とにかくアウトプットするのが遅すぎるからです。特に新しい仕事にチャレンジするとき、不安でなかなか動けない、という悩みをよく聞きます。

たしかに「不慣れな仕事」「難易度の高い仕事」「クリエイティブな仕事」を始めようとすると、自分にはそんなスキルがないのではないかと不安になり、不安を解消するためにインプットばかり繰り返して、なかなか行動を起こせないことがあります。しかし、結果的には、未知のものに挑むのに、いくら事前のインプットをしても、失敗は不可欠です。

だったら、誰よりも早く失敗してしまったほうがいいわけです。失敗したり、わからないことがあればインプットし、その都度改善していけばいいのです。

行動、つまりアウトプットしてみると、必ず何らかの課題にぶつかります。その課題こそ、いの一番にインプットしなければならないことにほかなりません。

このことは、どんな仕事にも共通していえることです。自分がフォーカスすべきことがわからない人は、まずはインプットを続ける前に、小さな失敗探しから始めてみてください。

この「フォーカス力」は、ハイパフォーマンスの仕事をする前提として、欠かすことのできないスキルです。ただ、読者の皆さんからはこんな声が聞こえてきそうですね。

「集中しろと言われても、ほかにもたくさんやらなきゃいけない仕事があって、フォーカスなんてできないよ」

たしかに日常の仕事の中では、重要なことが何か判断がついているのに、それでもスピードが遅く、集中できず、成果を上げられない人は少なくありません。

そういう場合、脳科学的には、いかに脳の神経伝達物質「ドーパミン」を大量に分泌させるかという方法を考えます。

ドーパミンは、楽しいことをしたり、ワクワクしたり、時間が制限されてテンションが上がっていたり、成功体験をしたときなどにたくさん分泌されます。

そこで、先述の「問いかけ力」を用いて、自分に問いかけます。

「このプロジェクトは、もっとこうしたほうが楽しいのではないか」

思考力を司る脳の前頭前野にドーパミンが作用すると、集中力ややる気が高まることがわかっており、これが継続するといわゆる「フロー状態」になることができます。究極の集中状態です。また、ドーパミンは海馬や扁桃体など脳のさまざまな部位に作用するため、記憶力を高めるのにも役立つといわれています。

高速仕事術のノウハウは、いずれもこのドーパミンがドバドバ分泌される手法です。壁にぶつかるようなことがあったら、「ドーパミンゲット！」くらいに気楽な気持ちで臨むのがいいでしょう。

このほかにも、高速で仕事をするノウハウはたくさんあります。もっと詳しいノウハウを学びたい方は、拙著『自分のやりたいことを全部最速でかなえるメソッド高速仕事術』（アスコム）を参考にしてみてください。

副業で年収1億円を確実なものにする

企業が副業を許し始めた

年収1億円を実現するもう1つの収入の道が「副業」です。

仕事による年収での目標は3000万円でしたが、副業では1000万円くらいの収入を目指しましょう。

残りの6000万円は株式投資による収入ですが、これは第5章でくわしく説明します。

副業については、最近、国や企業の間でもこれを認めるところが増えてきました。

厚生労働省は2019年に「副業・兼業の促進に関するガイドライン」を策定し、副業のルールを発表しました。2022年7月にはその2回目の改定も実施されています。

また、転職・求人サービスを手掛ける『DODA』が2023年3月に公表した「副業の実態調査」によれば、副業が認められている会社の割合は25・3％と、実に4分の1の会社が副業を認めているという結果が出ています。

先述したように、会社が生涯にわたって社員の面倒を見ることができなくなった今、今後も副業を承認するケースは増えていくと予想されます。

さらに最近は、インターネット上で探せる副業のマッチングサービスもたくさんあります。

地域の配達員などちょっとしたアルバイト感覚のものから、プログラミングやマーケティング、動画編集など、専門分野や趣味を活かせるものまで、種類もバラエティに富んでいます。

いずれにせよ、これからの時代、副業はしようと思えば誰にでもできます。それは年収1億円を目指す読者の皆さんにとっても大きなチャンスが開かれていることになります。

「副業」は、何でもやればいいというものではない

ただし、現実的には、私は「副業すべき人」と「すべきでない人」がいると考えて

います。

「すべき人」は、自己投資によって、本業での収入を高められるところまで高めた人です。

転職やスキルアップ、キャリアアップを積み、これ以上給与を増やすのは難しいというレベルまで達したら、副業に手を出してもいいでしょう。

これに対して「すべきでない人」は、まだ本業に手こずっている人です。

「二兎を追うものは一兎をも得ず」ということわざにもある通り、本業収入が中途半端なまま新たに副業に手を出したら、どちらも中途半端になってしまう可能性が多分にあります。

副業にはもう1つ、「すべき副業」と「すべきでない副業」があります。

「すべき副業」とは、あなたの本業に役立つものです。

私はユーチューバーという副業をしていますが、広告収入を目当てにやっているわけではありません。

2023年1月現在で24万人超のチャンネル登録者がいますが、毎日動画をアップする労力を考えると、費用対効果は決していいとは言えません。

にもかかわらず、私がユーチューバーを続けているのは、私の本業であるPR会社の経営者としても、ビジネス作家としても、それが大いに役立つからです。

YouTubeで質の高い情報を発信するには、毎日の情報収集というインプットが欠かせません。

今は株式投資のコンテンツを中心に配信していますが、投資家がどのような悩みを持ち、どのように失敗したり成功したりしていくのか、そのプロセスは参考になる部分が多く、必然的に投資家としてのスキルがアップしていきます。

そして、ユーチューバーとして実績を積んで情報をアウトプットしていると、会社で動画マーケティングやYouTubeのコンサルティング業務を引き受けられる可能性が広がります。

YouTubeを使った新しいPR法などを顧客に提案できるようにもなります。

もちろん、こうした本の執筆活動にも活かされます。

このように、私がお勧めする副業は、あなたの本業を後押ししてくれるものでなくてはなりません。

一方、**「すべきでない副業」とは、本業とはなんの関係もない、自分のスキルアップも望めない、ただ時間と労力を切り売りするだけの仕事です。**

この副業とスキルアップの関係をもう少し説明します。

「自己投資」すると「複利」で成長していく

副業を行う目的として、生活費が急に必要になった場合などは別ですが、自分の本業におよそ関係のないデリバリーの仕事や、マッサージの仕事などをするのはムダなことです。

その時間を使って本を読んだり動画を集中して見たり、セミナーやスクールに通うなどして、本業の自己投資をしたほうが、長い目でみると必ずあなたに「複利のリターン」をもたらします。

私は、自己投資が「複利」をもたらすと考えています。

例えば、私は『投資脳』(すばる舎)という書籍の中で、投資で儲かる人(=「投資脳」の持ち主)と儲からない人(=「消費脳」の持ち主)の違いを述べています。

その違いを簡単に言うと、「日々成長している人と成長していない人の違い」です。

仮に、1日1%成長すれば、1年で約38倍になります(図22)。

同じスタートラインを切ったライバルが日々何の成長もしなければ、1年で38倍の差がついてしまうのですから、これはとても大きな差ですね。

これが「複利」の効果です。

図22　複利の威力はすごい！

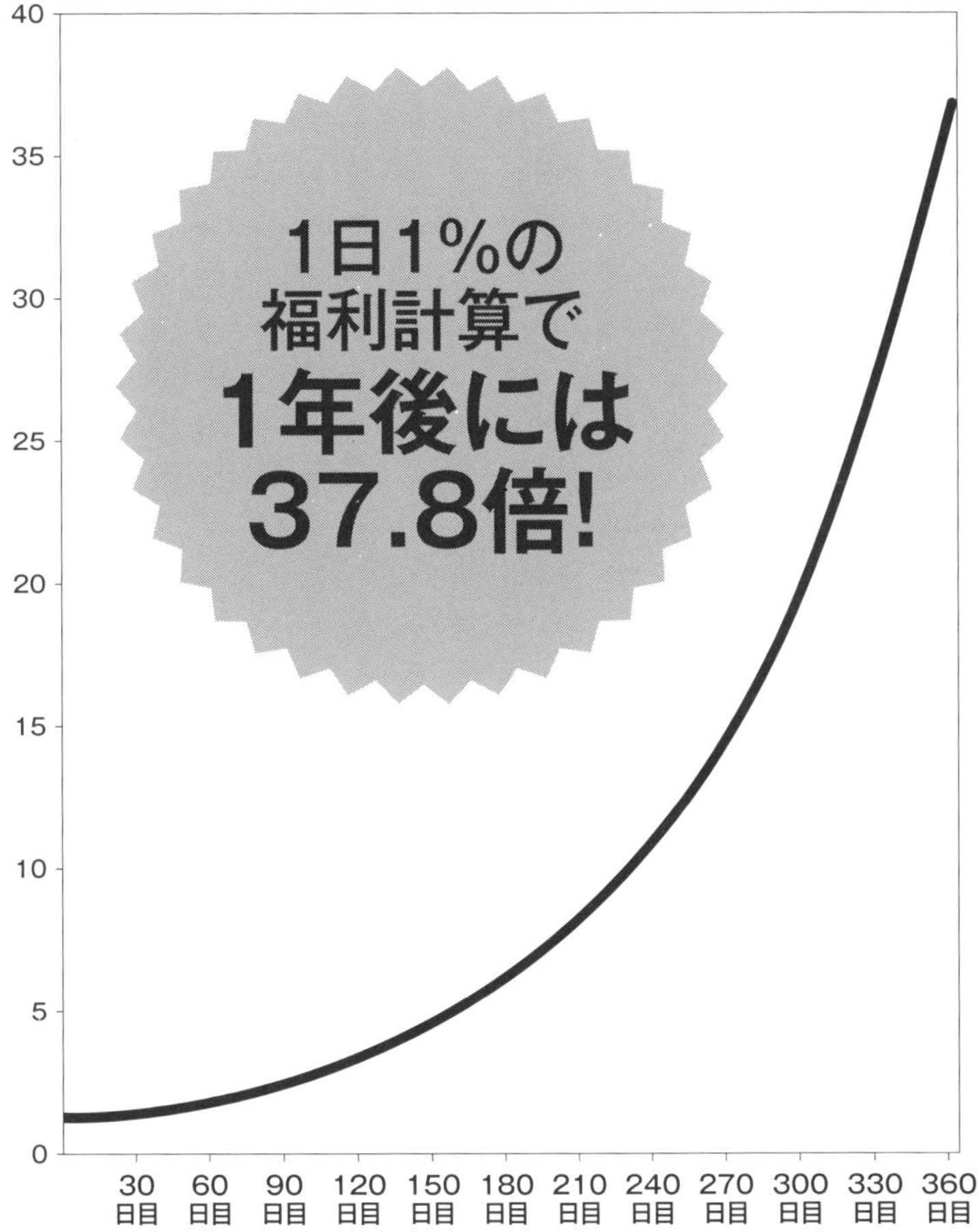

さらに、この1%成長する努力を続けていき、10年後、20年後にどうなるかを考えると、恐ろしい数字に膨れ上がります。

なお、**逆に1%ずつ成長が下がると、100の力は1年後にたったの「3」にまで下がってしまいます。**

この「複利」の考え方は、株式投資においても必要不可欠な知識なので、詳しくは第5章で説明します。私もこの複利のカーブを活用して、わずかなお金を6億円にまで増やしました。

本業に役立つ副業をやろう

副業を行う上で大切なのは、方向性を間違えないことです。方向性さえ合っていれば、小さな努力でも、あなたにはとても価値あるものとなります。

逆に方向性を間違えると、どんな努力もあなたの人生に大きな寄与はもたらしません。たとえば時間と労力を使ってせどり（転売）を行い、小銭を稼いでも、それを本業にするつもりがないのなら、そこに費やした労力と時間がムダになります。

昨今、SNSには「スマホで1日10分、月30万円稼げる！」とか、「個別コンサルで月30万円儲けるまで完全サポート」といった広告が数多く上がっています。

そんな風にラクして稼げる、必ず稼げる、すぐに稼げるというものに騙されてはいけません。

はっきり言って、「お金を増やす」ために魔法のような近道なんてありません。

そのほか、クラウドソーシングを利用すれば、データ入力やライターの仕事がすぐに見つかりますが、これも注意が必要です。

例えば、ウェブライターというと聞こえはいいですが、単価は激安で、スキルはほとんど身につきません。1文字1円の仕事で1時間かけて1000文字の原稿を作成するのに、何の意味があるでしょうか。

もし、文章を書く副業をしたい場合は、noteで自分の経験や成功ノウハウを記事にして売ることをお勧めします。

はじめはほとんどお金になりませんが、セールスやマーケティングを学ぶきっかけになり、トライ&エラーを繰り返すことで文章力が向上します。

プログラミングや動画編集、ウェブデザイン、ユーチューバーなどは、必ずしも本業と関係がなくても、やってみる価値はあります。

今は本業と関係なくても、これらのスキルを持っていると、いずれあなたのキャリアに役立つ可能性が高いからです。

例えば、自社の商品を動画やウェブサイトで紹介したり、新たなサービスを開発したりするために外部スタッフをマネジメントする場合、プログラミングが必要になることがあるかもしれないからです。

また、これらの副業でスキルを高めておくと、社内やチームに思わぬ貢献ができたり、会社に必要な人材として魅力的なポジションを与えてもらったり、転職先も見つかりやすくなるでしょう。

このように、副業をするのなら「本業に役立つもの」「スキルアップや転職に役立つもの」を選択するのがベストです。

先述したように、仕事や副業においては、努力次第で「偶然」を「必然」に変え、思い通りの結果を得ることができます。「偶然」は神に与えられた「幸運（ラッキー）」の産物ですが、「必然」は努力した人の「強運」が生み出すものです。仮に副業をすることで本業のスキルが向上して、本業の収入が上がれば、副業でそれほど無理して稼ぐ必要もなくなります。

当初、本業で３０００万円、副業で１０００万円という目標をたてましたが、本業で３５００万円稼げるのであれば、副業の年間収入は５００万円で十分ということです。

第5章

株式投資で「億超え」を目指す

株の初心者でも99%勝利できる㊙投資術

暴落相場で買う

年収1億円を稼ぐための収入の方法の最後は、株式投資です。

私はYouTubeチャンネルの中で、株式投資のコンテンツを配信していますが、そこでは人にもよりますが、初心者でも10~30%ほど勝率が上がる方法をご紹介しています。

また、私自身が株式投資を始めた頃に知っていれば、もっと早く投資で資産1億円を達成できたのではないかという情報を厳選してお送りしています。

あとは本書の読者や、YouTube視聴者の皆さんの「努力」と「成長」、そして「運」になります。

ただし、「運」と言っても博打で勝つ「運」とは違います。

例えば「丁か半か」を当てる丁半賭博では、当たる確率は50%です。そこに全額投資をして、当たれば倍になるが、負ければゼロになる博打に1000人が参加したとします。すると50％の確率ですから、最初の賭けで500人が残り、2回目の賭けで250人が残り、3回目の賭けで125人が……というふうにだんだん数が減っていって、10回目の賭けで残るのは確率的に1人になります。この1人は、丁半賭博で10連勝して、資産は実に1000倍になります。

たしかにこの最後の1人は「強運」の持ち主と言えるでしょう。しかしこの「強運の1人」の裏では999人の「運のない人」が資金を失っています。皆さんが何の準備もなく、ただ運を天に任せてこの丁半賭博に参加しても、この999人の中の1人になるのがオチです。

しかし、今から説明する「99％勝てる方法」を実践すれば、この「強運」を自らの手で引き寄せることができます。そこでまず、株式投資を始める方だけでなく、初・中級くらいの方が「やるべきこと」「やってはいけないこと」を説明していきます。

株式投資で勝つことは大事ですが、勝ちパターンを学んだら、いかに負けないかということをセットで学ぶ必要があります。

そうしなければ勝って資産を増やしてもまた損をし、さらには資産を減らしてしまうということも起こり得ます。年収1億円を目指すあなたにとって、これは本末転倒です。やはり勝てることを学んだら、それとセットで負けない投資を学ばなければいけません。

私は25年前に株式投資を始めて、30代後半までに6億円の資産を形成しました。そのうち3億円は株式投資で築いた資産です。そのほか不動産投資で2億円、会社経営で1億円の資産を築いています。また株式投資関連の本は、すでに20冊ほど出版しています。

そうした経験から、ここでご紹介する「99％勝てる方法」ですが、**結論から先に言ってしまうと「暴落相場で勝負しろ」ということです。**

今まで私が株式投資を行ってきた中で、大きな暴落相場は3回ないし4回ありました（図23）。

1回目の暴落は、２０００年から２００２年にかけてのＩＴバブルの崩壊です。

私はこのとき株式投資を始めましたが、その頃はまだ全くの未経験者で、株式投資入門という若葉マーク付きのムックを買って読んでいたほどでした。

しかし暴落相場のときに投資を始め、その後、小泉政権の小泉バブルによる上昇相場で、２００万円の元手を一気に１０００万円に増やすことができました。

その後、２００８年にリーマン・ショックが起き、２０１２年からのアベノミクス

図23　株式相場の大暴落

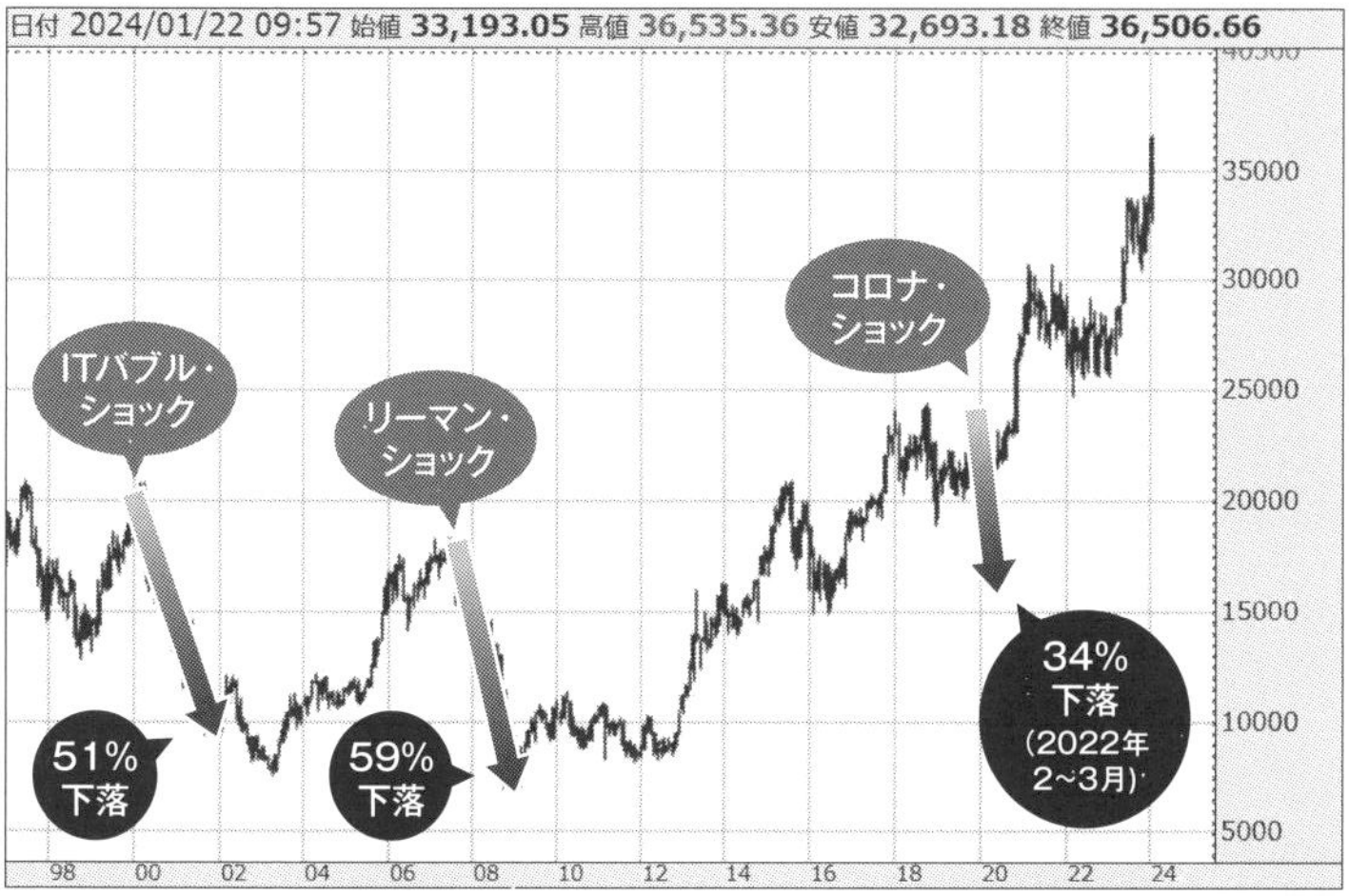

グラフ出典：株探（https://kabutan.jp/）

人のライフタイムサイクルの中で5回は起きそうな大暴落

をへて、２０２０年にはコロナ・ショックが起きました。

またこれらの暴落ほど大規模なものではありませんでしたが、２０１５年にチャイナ・ショックという暴落も起きています。

大きな下落相場では、下げ率がだいたい50〜60％、小さな下げ相場でも25〜30％ぐらいは株式相場が下落しています。そして、**初心者でも99％勝利することのできる株式投資のタイミングは、この「下げ相場で買う」ということです。**

相場を読むのはプロでも困難

株式投資で億単位の資産を築いてきた「億り人」と言われる人たちも、多くはこの下げ相場を厳選して投資し、大きな利益を獲得しています。

実際にデイトレードやスイングなど比較的短期で株式投資を行い、なかなか勝てない投資家の方は多いと思います。

それもそのはずで、株式相場というのはサイコロの目と同じで、ベテランの相場師であっても、その動きを正確に読むことはできないからです。

私のように25年株式投資を続け、資産３億円を株式投資から得た人間でも、正直、正確に先読みということはできません。

唯一先読みができるのが、この「大きく相場が下がったとき」です。

特に、図23のように30～50％も大きく相場が下がったとき、その後株価はたいてい上がります。それはチャートを見ても一目瞭然です。

ただし私が25年株式投資を行ってきた中で、このような大きな暴落は、図にある通り、3回か4回程度です。そのほかに、小さな暴落は年に1回あるかどうかという確率で起こっていました。そう考えると、二十数年間のうち暴落が起きた回数は大小含めて20回程度だったということになります。

私はこの20回程度の暴落時に株を買って、上がったら売り抜くというやり方で6億円の資産を築きました。私に限らず億万長者になった投資家の必勝パターンがこの方法だと思います。

株式投資の経験が豊富な人は、勝負どころがわかっていて、そこにうまくミート（絶好のタイミングで売買すること）して利益を上げています。

さらに、そこから一歩進んで、循環相場を身につけることができるようになったら、まだまだ資産運用のチャンスを増やしていけます。

例えば、最初に小型株、そこから人気株やテーマ株、次に景気敏感株、最後はサービス、医療、バイオ、銀行株などに投資というように、大暴落した後は、株価が上がっていく順番が決まっているのです（図24）。

株式投資には、「期待値」というものがあります。期待値とは、リスクとリターンを天秤にかけて、成功の確度を少しでも高めるための目安です。

図24の例で言うと、暴落後の株価上昇期に、最初に銀行株を買ってしまうと損をし、最後に買えば儲かる可能性が高いので、最後に買います。サービスも同様に、暴落から上昇に転じた後、一番最初に買えば儲かる確率が高い……というように、「儲かる確率の高い銘柄とタイミング」を選んで投資します。

この順番で、階段を上るように、暴落後に資産を移していけば、利益を得るチャンスをどんどん広げていくことができます。

成功していると言われる投資家は、テンバガー（10倍株）を当てるような一発勝負で儲けているわけではなく、実はこうした「期待値」のある株をコツコツ探していってはそこに投資し、利益を積み重ねています。

株式投資の世界で彼らは「強運」を手にしていると言われますが、その「強運」の理由を言語化すると、このようにトータルで「負けない投資」をしているのだということができます。

図24　大暴落後に買う順番

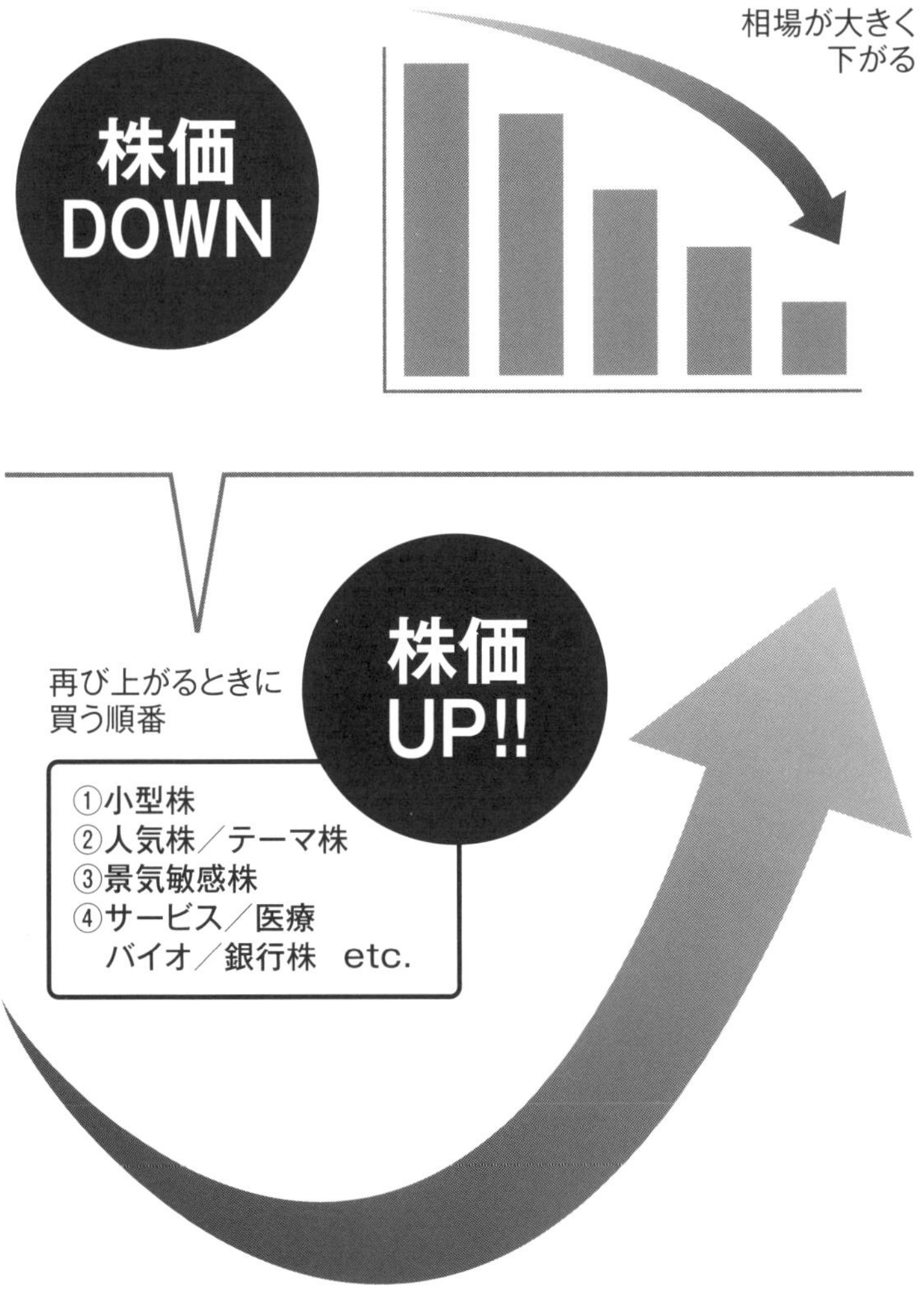

ここで、株式投資で儲けるための格言を2つ紹介したいと思います。

1つは「相場は悲観の中で生まれ、希望の中で衰退する」です。

つまり、相場というのは下がっているときに形成され、その後上がっていって、ピークのときにはもう下がり始めているのです。株価が上がってみんながウキウキして、「やっぱり株って儲かるよね」「私もこれから株式投資を始めようかしら」などと言っているときには、さっさと売ってしまったほうがいい、ということです。

靴磨きの少年までもが株式投資に興味を持ち始めたと聞いたジョセフ・P・ケネディ氏（ジョン・F・ケネディ米大統領の父）が、近く株式市場が暴落すると判断し、保有株を全て売却した話は有名です。予想通り株価は大暴落し、世界恐慌が始まりました。

この格言は、ここで紹介した暴落の波をとらえる上でも、非常に重要です。

もう1つの格言は、「人の行く、裏に道あり花の山」というものです。

投資家は、群集心理で動きがちです。しかし、それでは大きな成功は得られません。むしろ他人と反対のことをやったほうがうまくいく場合が多いという格言です。

相場師の格言には、こうした金言が隠れているので、そういう言葉を本などで見つけたらメモをとり、インプットしておくと役に立ちます。

次には、多くの投資家が「損」をする理由を上げていきます。

株式投資で9割の投資家が負ける理由

なぜ多くの投資家は儲からないのか

株式投資では、実に9割の投資家が損をしていると言われています。

それでは投資をしても意味がないではないか、損をするだけではないかと思う人もいると思いますが、年収1億円を目指すあなたなら、株式投資は行うべきだと思います。損をしたくなければ、損をしている9割ではなく、儲けている1割の方に入ればいいからです。

負けるのは、負けるなりの理由があるからであり、その理由によって、あなたは成功するための「強運」をみすみす遠ざけてしまっているのです。

では、なぜ9割の投資家が負けてしまうのかという理由を紹介します。

理由は次の10個になります。

①金融リテラシーが低い
②投資の勉強をしない
③分散投資をしない
④一度に大きな金額を投資してしまう
⑤自分の勝ちパターンを知らない
⑥常に相場を張っている
⑦損切りをしない
⑧余裕資金を持たない
⑨長期トレンドを味方につけない
⑩複利を味方につけない

これらの理由を一つ一つ紹介していきます。

①金融リテラシーが低い

日本人の金融リテラシーの低さは、有名な話です。アメリカでは小学校から金融の勉強をしています。やはりアメリカ人の方が日本人よりも投資をしている人口が多いですから、そうした背景もあって早い段階で金融教育も行われているのです。

日本でも最近、金融教育が早い段階から行われるようにはなりましたが、まだまだアメリカに比べれば遅れています。

アメリカで投資人口が多いのは、ブラックマンデーという大暴落以降、株価が半世紀近く右肩上がりで上昇しているからです。つまり基本的には株式を買っていれば、資産は自動的に増えていくようになっているのです（ただし、今後はわかりませんが）。

そのため相対的に日本人よりも投資への信頼性は高いものを持っています。

一方、日本では、最近でこそ投資人口が増えてきたのでそういう風潮もなくなりつつありますが、根底では投資というものに対するネガティブな感覚が残っています。

中には、投資はギャンブルのようなものだとか、不労所得で稼ぐのは怠け者だとか、やはりお金は汗水たらして稼ぐものだとか、といった考えをいまだに根強く持っている人もいます。

もちろん労働が大事なことは、私も現役の経営者としてよくわかっています。

しかし株式投資も、本気でやれば汗水もたらしますし、冷や汗もかきます。労働でお金を稼いでいるのと同じことなのです。そのため、やはり今後は日本人全員が金融リテラシーを高めていく方向に進んでいかなければいけないと思います。

学校教育に関しては政府が行うものなので、我々がどうこうできる問題ではありませんが、少なくともこれから株式投資を始めようという人や、投資で儲けたいと本気で考えている人は、しっかり投資の勉強をするべきでしょう。

学ぶ方法はいくらでもある

②投資の勉強をしない

これに関連して、投資で負ける最大の理由が、投資の勉強をしないということです。株式投資の勉強をする方法は、いくらでもあります。専門書でもいいですし、YouTubeでも参考になる動画がたくさん配信されています。

かくいう私も、YouTubeで投資に関する情報を発信していますので、ぜひそちらも参考にしていただければと思います。

初心者であれば目安として専門書を10冊くらい、YouTubeなどの動画であれば、毎月15本から20本くらい見てから投資を始めた方が、勝つ確率も上がると思います。

加えて、機会があればですが、投資で成功している人の話を聞くことも大切だと思います。成功体験はもちろんですが、成功している人から「失敗体験」を聞くということも重要です。

今投資で成功している「億り人」と言われる人たちも、必ずどこかで大きな失敗をしています。本書でも述べてきたように、失敗をたくさん経験している人ほど、成長しています。株式投資も同様で、失敗の経験は必ず次の大きな成功に結びつきます。

本来は自分でそういう失敗を何度も経験するといいのですが、今からそんなに失敗を経験している時間がないという人もいますし、なにより株式投資の場合は、あまりたくさん失敗を経験してしまうと、元手となるお金がなくなってしまいます。

そこで成功している人たちが、今までどんな失敗をしてきたかを聞くことで、その失敗を追体験し、自分で同じ轍を踏まなくなります。

ですから投資雑誌の投資家のインタビューや、億り人の書いた単行本などを読む際にも、その「失敗」の部分に注目してみるといいでしょう。

あとは株式投資のスクールに参加するという方法もありますが、私自身はそういったスクールはあまり利用していません。

必要性を感じないということもありますが、例えば参加費が30万円もするようなスクールに参加するのであれば、そのうちの10万円で専門書を買って読み込んで、残りの20万円は投資に回したほうが、手っ取り早く儲けられるのではないかと思うからです。

あくまでもこれは私個人の考えであり、決してスクールを否定しているわけではありません。

5つの分散投資

③分散投資をしない

投資家が失敗する理由の3つ目は、分散投資をしないということです。

株式投資を行う上で、分散投資は非常に重要な考え方です。

分散には、5つの種類があります。（1）時間の分散、（2）資金の分散、（3）業種や銘柄の分散、（4）国（カントリーリスク）の分散、（5）リスクの分散です。

これらを順に説明しましょう。

（1）時間の分散

例えば今日株価が下がっているからと言って、一点集中で投資してしまったとします。ところが株価は明日さらに下がるかもしれません。明後日はもっと下がることもあるでしょう。

実は今日が株価のピークで、その後はずっと下落が続いていくというようなこともあるかもしれません。

永遠に株価が下がり続けることはないと思います。しかし、買ったときよりも大きく値下がりして売るに売れないという、いわゆる「塩漬け」の状態になってしまったら、本当のチャンスが来た時に、その株を売って資金を作ることも難しくなります。

そういう事態を避けるために、一度に集中して買うのではなく、資金を分散して、一銘柄買ったら次は2カ月後に別の銘柄を買って、次は半年後、1年というように、買う時期をずらしていくのです。

(2) 資金の分散

私も株式投資をするとき、一気に資金を投入することはありません。前衛で戦っているのは2000万~5000万円くらいです。

さらにその後、状況に応じて5000万円とか1億円の追加投資をすることはあります。これも時間の分散と同様、常に余裕資金を持つことでリスクコントロールになります。

(3) 業種や銘柄の分散

1つの銘柄に集中して投資しない理由は誰にでもわかると思いますが、1つの業種に絞って投資することも、大きなリスクを抱えることになります。

例えば銀行株に集中して投資している人の場合は、金融ショックが起きて軒並み銀行株が下がったら、投資しているすべての銘柄で損失を出すことになってしまいます。
あるいは海運株が好調だと思い、海運銘柄に集中して投資したとします。ところが2023年の末には、反イスラエル組織が紅海で船舶を襲撃するという事件が起こり、海運株が軒並み下落するということもありました。株価はその後持ち直していますが、こうした不測の事態もいつ起こるかわからないのです。

初・中級者の投資家の多くが儲からない理由も、銘柄や業種を分散しないという点にあります。分散といっても2つ3つの銘柄に分散して投資するのは、分散していないのと同じようなものです。そのうちの1社が倒産してしまったり、思うように株価が上がらなかった場合は、33%のリスクを背負っているのと同じことです。

そうしたリスクを考えて、はじめのうちは幅広く、少額で分散投資して、少し長い期間をかけて利益を積み上げていくというやり方でやっていったほうがいいでしょう。

株式投資では、ある程度長い期間投資を行い、時に失敗もしながら経験を積んでいった方が、投資家としてのスキルは磨かれていきます。

株式投資というのはそれくらい難しいものなのです。そんな悠長なことを言っていたら年収1億円など永遠に達成できないのではないかと思う人もいるかもしれませんが、急がば回れという言葉もあります。

ビジネスに関してはスピードを強調してきましたが、株式投資に関しては損失のリスクがありますので、それを避けるためにもある程度時間をかけて投資のスキルを磨いていくことが大事なのです。大きな勝負に出るのはそれからでも遅くないでしょう。

（4）国（カントリーリスク）の分散

これは主に米国株など、海外の株式や投資信託などに投資している人向けのアドバイスです。

最近は米国株なども普通に日本の投資家が買えるようになっていますが、右肩上がりで伸びてきた米国株にも、近年は陰りが見え始めています。特に物価上昇抑制のための金利政策などで、株価が大きく下がる局面も頻繁に起こるようになってきました。そのため右肩上がりの上昇を続けてきた米国株も、今後は必ずしも上がり続けるかどうかはわかりません。

米国株が好調だと思って全額投資資金をそこに集中している人たちも、資産の一部は日本株にするなどのリスクヘッジも必要かと思います。ましてや米国以外の中国やインドなど新興国の株式に投資をしている人はなおさらです。

ロシアのウクライナ侵攻や、イスラエルとアラブの戦闘など、世界には地政学的なリスクがまだまだたくさん残っています。そこで新興国への集中投資などは、一度に資産を失うリスクが大きいですから、やはり米国や日本など比較的安全な国の株式にも分散して投資しておくほうが安全でしょう。

（5）リスクの分散

ここに挙げた（1）～（4）の分散方法を組み合わせて行うことで、リスクそのものを分散することができます。

自分の勝ちパターンとは？

④一度に大きな金額を投資してしまう

投資家が失敗する理由の4つ目、「一度に大きな金額を投資してしまう」という内容は、少額で投資をすることの勧めと同じ意味で、分散投資のところでも説明しましたので割愛します。

⑤自分の勝ちパターンを知らない

失敗する理由の5つ目、上級者と初・中級者を分ける最大のポイントは、この自分の勝ちパターンを知っているか知らないかということです。

株式投資もビジネスと同じく、ＰＤＣＡサイクルを回します。プランを立て、投資を実行し、成功しても失敗してもその内容をチェックし、次の投資に役立てます。

これを何度も繰り返していく中で自分の勝ちパターンを見出していきます。この勝ちパターンは、一度や二度の投資経験から生まれるものではありません。最低でも100回くらい投資することで、自分の投資家としての価値観のようなものが見えてきます。それをしっかりと追求していくことが大切です。

なぜ「100回」かというと、株式投資は単なる「まぐれ」で勝ってしまうこともあるからです。そして、多くの投資家は「まぐれ」を自分の勝ちパターンだと信じ込んでしまい、後に大きな失敗をします。

しかし、成功している投資家は、100回投資したら限りなく100回近く勝てる再現性を身につけ、それを自分の勝ちパターンにしています。その勝ちパターンは多くの経験から生み出されたものです。つまり彼らは「強運」を待たず、自ら「強運」を創り出しているのです。

プロと真っ向勝負して勝てるはずがない

⑥常に相場を張っている

失敗する理由の6つ目は、「常に相場を張っている」ということです。

常に相場を張っているというのは、例えばデイトレードのようにパソコンの前に張り付いて、短期で売買を繰り返しているようなことを言います。初心者がこれをやるとたいてい損を出します。

株式投資というのは欲望との戦いです。儲けよう、儲けようと思いすぎると、えてして相場は逆の方に動いてしまい損失を出してしまいます。株価が下がって含み損が大きくなってきたときでも、損失を出したくないので損切りすべきタイミングを逸してしまうのです。

あるいは、株価が急上昇している銘柄があったとして自分も乗り遅れまいと買ったとたん、株価が急落してしまい、結局、高値摑みで損をしてしまうということもあります。

後で説明しますが、相場を動かしているプロの投資家である機関投資家などは、そうした投資家の心理も踏まえて株式の売買をやっています。

多くの投資家が食いついてきて株価が急上昇した銘柄を大量に売りさばいて、一気に株価を下落させるなどということは日常茶飯事でやっています。

つまり常に相場を張っているということは、そうしたプロの投資家たちと真っ向勝負をしているのと同じことなのです。勝てるはずがありません。これも後で説明しますが、**個人投資家がプロの投資家に勝てる唯一の方法は、時間を味方につけることです。**

相場は逃げることはありませんので、あなたが1年間投資を休み、1年後に再び投資を行おうとも、そこに相場はまだあります。そのくらいの余裕を持って投資をするのがいいと思います。

損切りできる人になるための2つの方法

⑦損切りをしない

投資で失敗する理由の7つ目は、「損切りをしない」ということです。

損切りというのは株価が下がったときに大きく損失を出さないよう、例えば今の株価より10％以上下がったら、自動的に売るというルールを自分で決めておくものです。そのときには10％の損失を出しますが、仮に株価が半値に下がったときは、50％の損失ですから、40％分の損失を防ぐことになります。

株式投資の経験が浅い人は、損失を出したくなかったり、株価が下がってもまた上がるだろうという楽観的な観測で売り時を逃してしまい、資産を大きく失ってしまうという失敗をよくやらかします。

私は脳科学者でもありますので、脳科学の観点から損切りができない理由を分析すると、そこには2つの理由が考えられます。

1つは「損失回避バイアス」が働くということです。

株式投資を行えば誰もが得をしたい反面、損をしたくないと考えます。仮に5万円の利益を上げたとしても、その後5万円の損失を出してしまうと、トータルでプラスマイナス＝ゼロで、損はしていないのですが、5万円の損失を出してしまったというイメージが脳に大きなダメージを与え、すごく大きな損失を出してしまったかのような錯覚に陥ってしまうのです。

損切りができない理由のもう1つは「サンクコストバイアス（sunk cost bias）」というものです。sunk costとは「埋没費用」ともいい、回収できなくなったコストのことです。株式投資の場合で言うと、1年間あるいは3カ月など、一定期間保有してきた銘柄の株価が下がってしまうと、結局この1年間の苦労は何だったんだろうという後悔の念のような気持ちが先に立ってしまい、売るに売れないまま、損切りのタイミングを逃しても保有し続けてしまうというパターンです。

この2つのバイアスによって、普通の投資家は損切りをすることをためらってしまいます。その結果、必要以上に大きな損失を出してしまうのです。

脳科学的には、結局、人は損切りができない生き物なのだということが言えるでしょう。

では、そんな人間が、損切りができる投資家になるためにはどうすればよいのでしょうか。これには2つの方法があると思います。

1つは、損切りのルールを決めるということです。5%とか10%とか、あるいは株価が2000円というキリのいい数字まで下がったら損切りをするというルールを自分の中で決めておくのです。

これは先にも述べたとおり、ネット証券で株式の売買をするときなどは、損切りの設定ができますので、株を購入する段階でその損切りの設定もしておくと、自動的にこのルールが遂行できることになります。

このルールを実行する際には、「今回だけは特別にルールを破って損切りをしないでおこう」というような例外は一切認めないということです。この例外を一度認めてしまうと、その後もズルズルと損切りができなくなってしまいます。こういう心理は私自身の経験からもよくわかります。

損切りができるようになるためのもう1つの方法は、利益をトータルで考えるということです。

分散投資の例を挙げましたが、仮に1つの銘柄で損切りをして損失を出したとしても、ほかの銘柄でそれ以上の利益を上げれば、トータルではプラスの利益になります。

億り人と言われるような上級の投資家も、たいていこのようにトータルで利益を考えています。

株式に勝率100％などということはありませんから、こうした考えは至極当然ともいえましょう。

プロ野球のペナントレースなども、同じような考えに基づいて行われています。

名監督と言われる監督は、全勝を目指そうとはしません。そもそも全勝するなどということは無理なので、勝てる試合や、負けても次につながる試合などを決めておきます。

そして最終的に、他チームよりも勝率が1％でも上回ればいいわけですから、そこまでトータルで考えて負け試合は負け試合として、あえて受け入れているのです。

ここで言う「負け試合」が、株式投資で言う損切りということになります。

このトータルでの利益ということを考えるだけで、損切りに対する抵抗感はかなりなくなってくると思いますので、ぜひ皆さんも実行してみてください。

プロの土俵での戦いを避ける

⑧余裕資金を持たない

相場の格言に「落ちてくるナイフは掴むな」というものがあります。これは株価が急落しているとき、もう十分に株価が下がって、この後上がりそうだと考え、そこで買ってしまうことです。結果的に株価はさらに下落して大損してしまいます。これを落ちてくるナイフの刃を掴んだ人が、大怪我をすることに例えているのです。

このように、相場というものが読めないのに曖昧な判断で資金を全額投入してしまったら、その後チャンスが来たときに、買うこともできなくなってしまいます。

そこで私の場合も、仮に暴落相場であっても、持っている資金の5割くらいしか投資せず、残りの5割は手元にとっておくようにしています。そして次に来るかもしれない大チャンスに投資するお金を用意しておくよう、資金管理をしているのです。

株式投資を行う上で、「焦り」は禁物です。余裕資金がないとどうしても焦りが出てしまいます。焦りを持った99％の投資家が損をしています。逆に言えば余裕資金をしっかり残しておいて、心に余裕をもっていれば、拙速で売買することを避けられますので、損失を出す確率も下がってきます。

⑨長期トレンドを味方につけない

これは失敗する10の理由の中で一番大事なことかもしれません。

長期トレンドというのは文字通り、株式を比較的長期に保有して徐々に利益を上げていくというものです。これは常に相場を張って投資することのデメリットのところでも述べましたが、個人投資家の強みはこの長期で戦えるというところです。

戦う相手は、海外の機関投資家やヘッジファンド、年金基金などプロの投資家です。しかしこれらプロの投資家にも弱点はあります。それはプロの投資家は、大口投資家等の資金を預かって運用しているため、毎月とか半年ぐらいの限られた期間で成果を出し、その成果を投資家に示さなければならないのです。

そのため、たまたまその時期に相場が悪く、含み損を出している場合でも、無理に相場を張って利益を出さなければなりません。

一方で我々個人投資家は、一時的に相場が悪かったら、相場が回復するまで待っていればいいので、無理やりそこで戦う必要はありません。むしろプロの投資家が大量に売って値下がりした局面を狙って、その銘柄を購入するという戦略も打てるわけです。

機関投資家などの投資家たちが戦っている世界は、プロの中でも選び抜かれたプロ中のプロがしのぎを削っている世界です。したがって、個人投資家が短期で売買をしても、そんなプロ中のプロに勝てるはずがありません。

であれば、最初から相手の土俵で真っ向勝負をすることは避け、長期投資という自分の土俵に相手を引きずり込んで戦うことが、それらプロに勝つ唯一の方法です。

もちろん、短期で稼ぐという方法も後々必要になってきますが、まずは中長期で稼ぐ方法を身につけ、自分の勝ちパターンを作ってから、徐々に短期で稼ぐ方法も見つけていくといいと思います。

複利は「人類最大の発明」

⑩複利を味方につけない

投資家が失敗する理由の最後は、「複利を味方につけない」ということです。

複利とは、相対性理論で有名なアインシュタインが「人類最大の発明」と称賛したことでもよく知られています。

複利とは、わかりやすく言えば、投資で得た利益をさらに次の投資資金に上乗せし再投資していくという方法、もしくはそこから得られる利益のことを言います。

利益が出るたびに投資する資金が増えていきますので、そこから得る利益もさらに増えていきます。

これを繰り返すことによって、図25のように、複利で投資を行った場合と複利を活かさなかった場合では、最終的に資産金額が大きく変わってきます。

複利は積立の投資などに有効と言われていますが、私は株式投資で得た利益も、配当金を含め、すべて株式に再投資しています。

そしてこの複利効果によって、株式投資だけで6億円の資産を築くことができました。

結論から言えば、株式投資で大きく資産を増やしたいのであれば、この複利を利用しない手はありません。

時には住宅のローンや子供の教育などで、一時的に証券口座からお金を引き出して支払わなければならないときもあるでしょう。しかし残った利益はできるだけ再投資に回して、少しでも複利で利益を増やしていくことが、株式投資で成功する秘訣です。

以上が「9割の投資家が負ける理由」です。基本的にはここに挙げた10の理由の逆を行けば、「勝てる1割」の投資家になれます。投資に対する意識、考え方、脳の働きを変えていくことで、あなたも「不運な投資家」から「強運な投資家」に変わることができるのです。

図25 単利と複利の違い

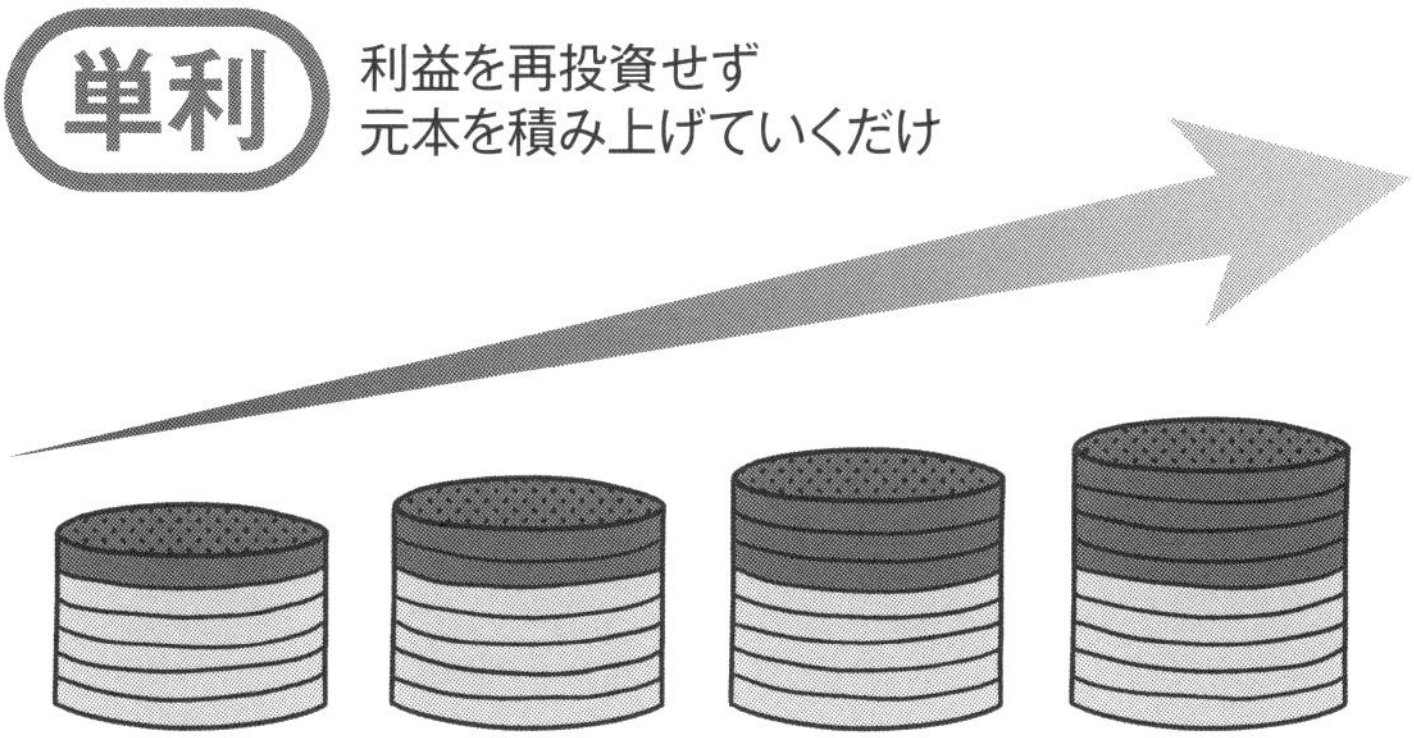
単利
利益を再投資せず
元本を積み上げていくだけ

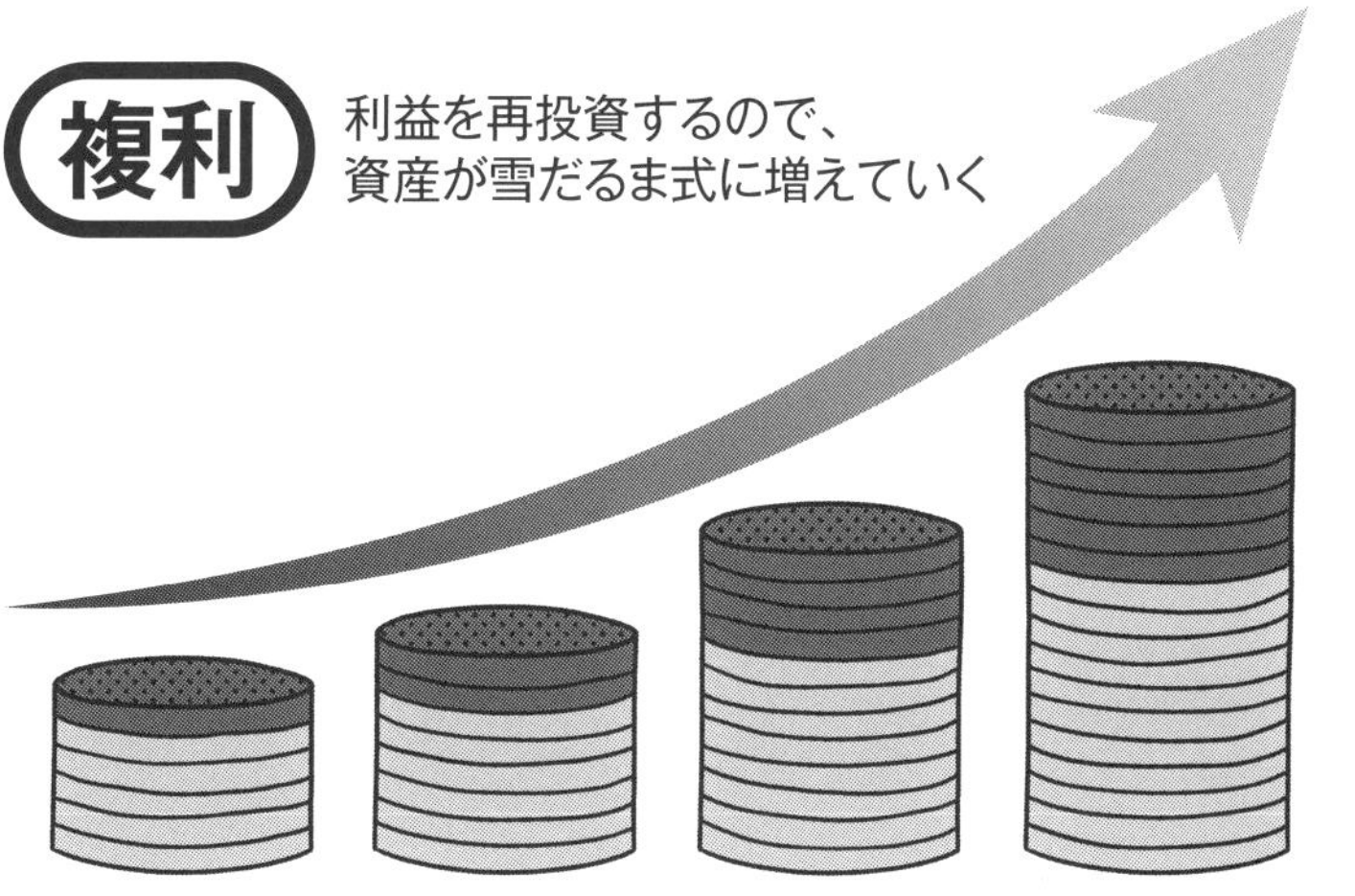
複利
利益を再投資するので、
資産が雪だるま式に増えていく

新NISAの成長投資枠を使った投資戦略

使い勝手が格段に向上した新NISA

株式投資で勝つ方法、負けない方法を説明してきましたが、まだ株式投資を始めていない人は、まずその第一歩を踏み出さなければ話は始まりません。強運は、待っていてもやってきませんので、まずは自分から積極的に行動して、強運をつかみ取りにいきましょう。

折しも、2024年から新NISAの制度が始まりました。これから株式投資を始める人にとっても、また、年収1億円を目指す人にとっても、重要な制度ですので、ここで説明させていただきます。

まずは、新NISAの概要から説明していきます。

NISA（新NISA）は、国民がもっと積極的に資産形成をすることを目的として、国が設けた税制の優遇制度です。

株式や投資信託などに投資して得た利益には、約20％の税金がかかりますが、ＮＩＳＡの口座を利用して得られた利益は非課税になります。

つまり、税金がかからなくなるのです。

これから年収1億円を目指す読者にとって、これは大きな違いと言えます。私がＮＩＳＡ制度を「無視できない」と説明した理由がここにあります。すでに株式や投資信託で投資を行っている人も、これから始めようという人も、このお得なＮＩＳＡ制度を利用しない手はありません。

ＮＩＳＡ制度がなぜ今注目されているのかというと、２０２４年から、制度の内容が大きく変わったからです。

例えば、今までは非課税で保有できる投資期間が限られていましたが、新ＮＩＳＡ制度では、その期間が「無期限」になりました。

非課税期間が限られていると、その期限が近づいたときには、もっと利益が出そうな場合でも売らなければなりません。その期限以降に得た利益には税金がかかるからです。しかし、新しいＮＩＳＡ制度ではそういう心配もいりません。

20～30年という長い期間、コツコツお金を積み上げながら投資をして利益を上げていっても、限度額までの投資額から得た利益に対しては、恒久的に税金がかからなくなるからです。

また、非課税で投資できる限度額も大きく引き上げられました。その限度額も１８００万円と、従来の制度より大幅に引き上げられました。20年かけて１８００万円を１億円にした場合でも、利益分の８２００万円には税金がかからなくなります。

もしＮＩＳＡ制度を使わなければ、実に１６４０万円が税金として引かれるわけですから、卒倒しそうになりますよね。

50代からでも遅くはない

ＮＩＳＡ制度は、長期間かけて着実に資産を増やしていける制度です。しかも18歳から口座を開設して投資することができます。

そのため、特に20代くらいの若い世代は、今すぐにでもＮＩＳＡ口座を開設して、長期で積み立てを始めることをお勧めします。

若いうちなら少額でコツコツ積み立てていっても、先述した複利の効果で、定年退職する頃には1億円の資産を築くことも難しくありません。

しかも、これも先述した長期投資の効果で「時間の分散」ができますので、リスク

図26　10年間積み立てて3200万円

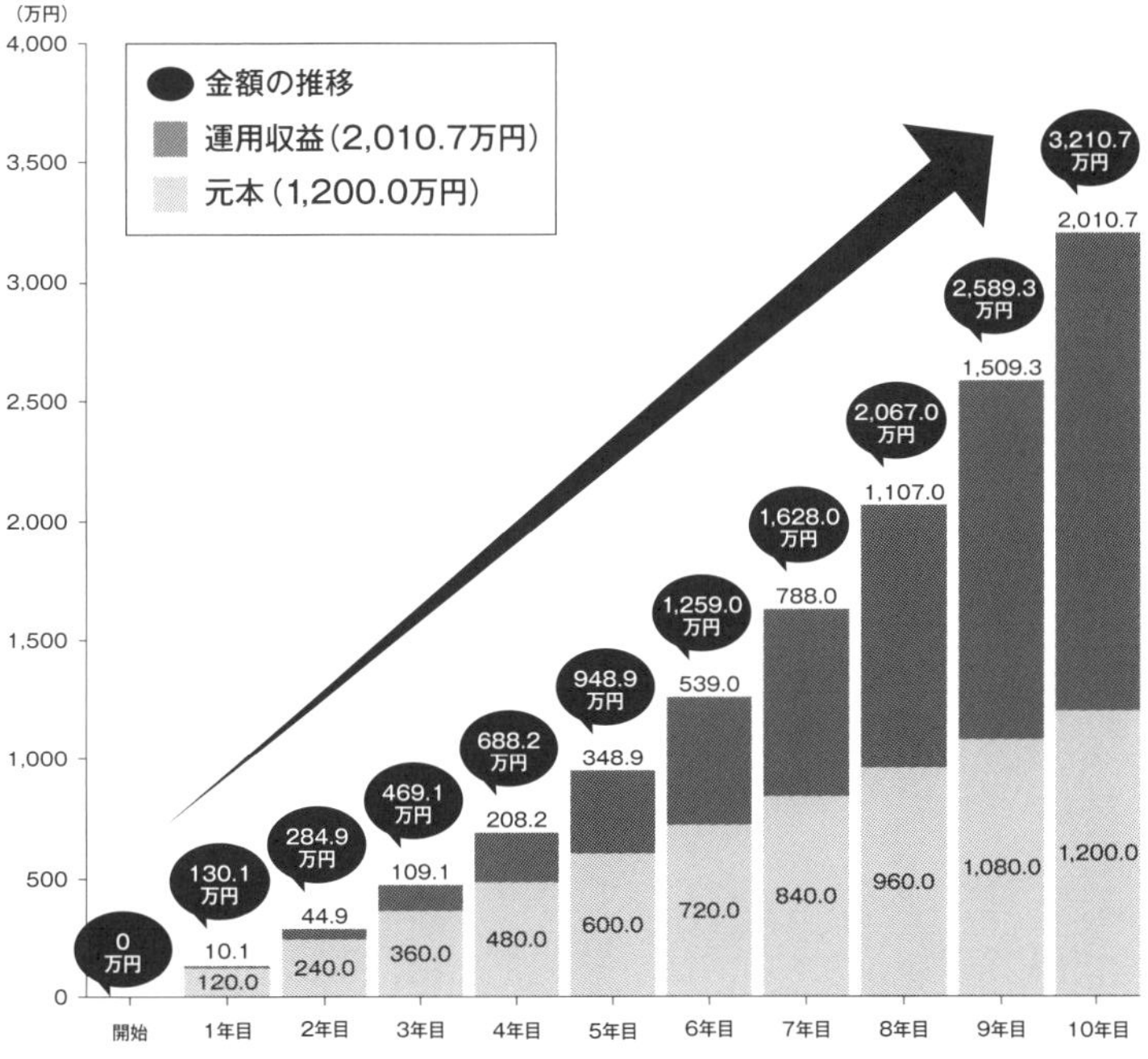

もぐっと下がります。では、40〜50代くらいの世代にはもう関係ないのかというと、そんなことはありません。

年5％の利益を出す投資信託を月々10万円の積み立てで買い増していく方法で、複利で運用したとします。すると、あくまでもシミュレーションですが、図26のように、10年後には資金を3200万円に増やすことができます（eMAXIS Slim 全世界株式〈オール・カントリー〉に投資した場合のシミュレーション。リターンは年率17・5％。2024年1月15日現在）。

この方法であれば、50歳から積立投資を始めれば、NISA口座の投資だけで、60歳までに3200万円以上の資産を築くことができます。しかもNISA口座ですから、利益にかかる税金は非課税です。

新NISA制度は、今まで資産運用を行ってこなかった人にとっても、投資を始める良いきっかけになると思います。

新NISAの2つの枠

新NISAについてもう少し詳しく解説していきます。

図27　新NISAの概要

2024年から始まった新NISAの内容

対象者	日本に住んでいる18歳以上の人（口座を開設する年の1月1日時点）	
口座開設期間	いつでも可	
非課税保有期間	無制限	
制度の併用	NISA制度内で2つの枠を併用可能 つみたて投資枠	成長投資枠
投資対象商品	積立・分散投資に適した一定の投資信託	上場株式・投資信託など（高レバレッジ型および毎月配分型の投資信託などを除く）
買付方法	積立投資のみ	通常の買付・積立投資
年間投資枠	120万	240万
非課税保有限度額	2023年までのNISAとは別枠 1800万円（生涯投資枠） ※売却すると投資枠は翌年以降、再利用可能	1200万円（内数）
売却可能時期	いつでも可能	

図27のように、新NISAには2つの投資枠があります。

一定の投資信託のみが購入できる「つみたて投資枠」と、投資信託以外に個別株なども購入できる「成長投資枠」です。

「つみたて投資枠」は、文字通り「つみたて投資」のみを対象とした枠で、対象とする商品は、積み立てや分散投資に適した一定の投資信託になります。

限度額は、年間で120万円、生涯の投資枠は1800万円です。毎月10万円ずつつみたて（10万円×12＝120万円）、それを毎年続けた場合、15年間この投資枠を使い切る形になります。

しかも、新NISAの投資枠は、今年120万円投資したとして、年内にその120万円と、そこから得た利益をすべて売却すれば、翌年からその枠を再利用できます。

この仕組みは、2023年までのNISA制度にはありませんでした。

つまり、この枠の「再利用」によって、実際には1800万円以上の資金で投資することも可能なのです。

したがって、この「つみたて投資枠」は、長期にコツコツ積み立てて資産を増やしていくのに向いており、先述のように、若い世代でまだ投資資金に余裕がないという人が少額で少しずつ資産を運用していくのに、お勧めの投資枠です。

図28 日本株と米国株の推移(直近10年)

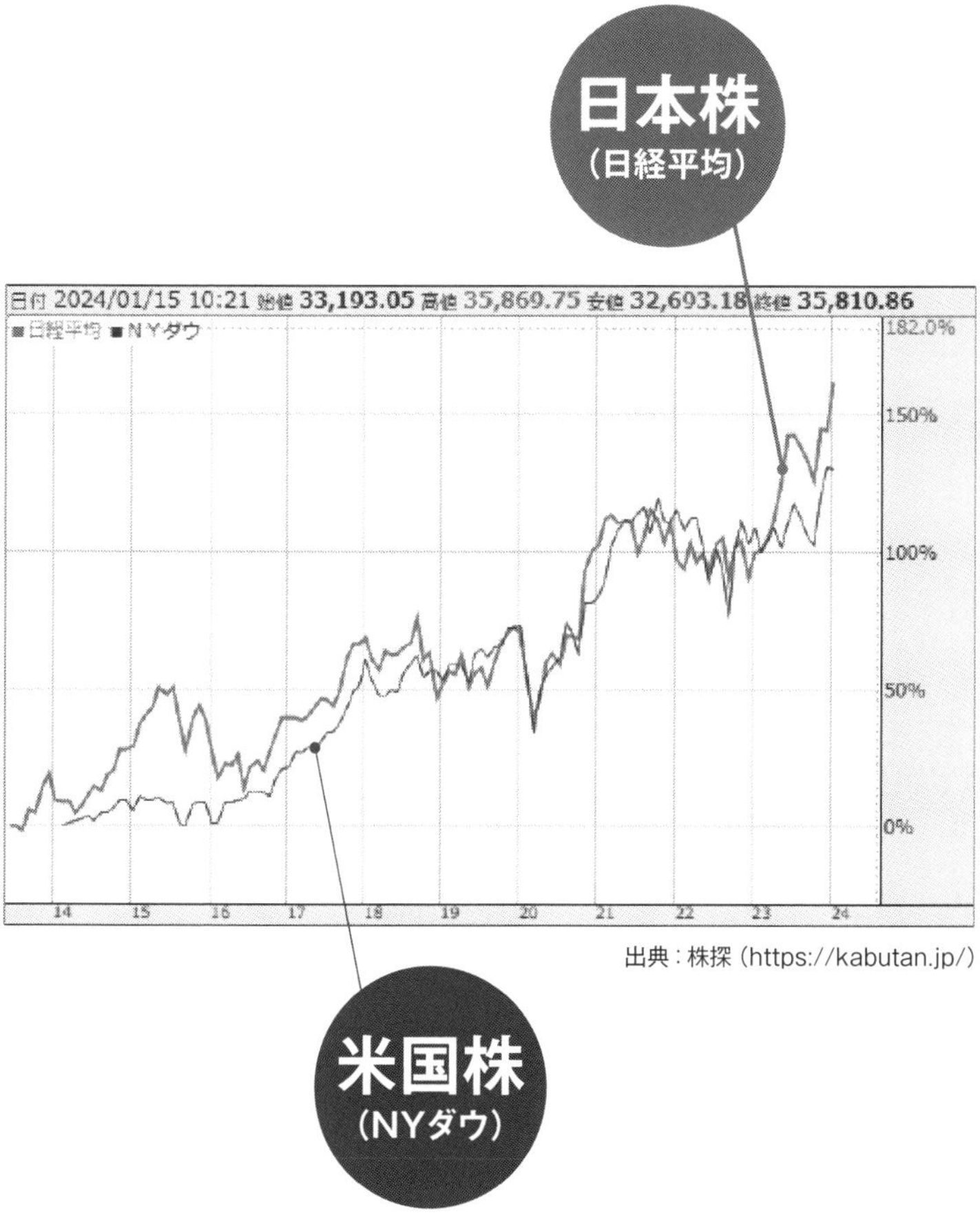

出典:株探(https://kabutan.jp/)

長期の運用には、メリットがたくさんあります。

株式や投資信託で利益を出す場合、その原則は「安く買って高く売る」ということです。

しかし、投資の経験の浅い人は、値段が高いときに買ってしまったり、値段が下がったところで慌てて売って、逆に損をしてしまうというパターンが往々にしてあります。

そういう初心者でも、機械的に毎月積み立てていくだけで、長期的には利益を出せるということを、過去の実績が物語っています。

例えば、アメリカの株価は、１９８７年のブラックマンデーの暴落以降、半世紀近くも右肩上がりで伸び続けています。日経平均も、バブル崩壊直後は大幅に下落しましたが、その後は基本的に右肩上がりの成長を続けています（図28）。

つまり、日米それぞれの株価に連動する投資信託を買っておけば、自動的に値段が上がっていくというわけです（あくまでも過去の例であり、将来はどうなるかわかりません）。

これに加えて、図29にあるようなドルコスト平均法を使うことで、長期投資でリスクを抑えながら利益を積み上げる確率はさらに高くなっていきます。

図29　ドルコスト平均法

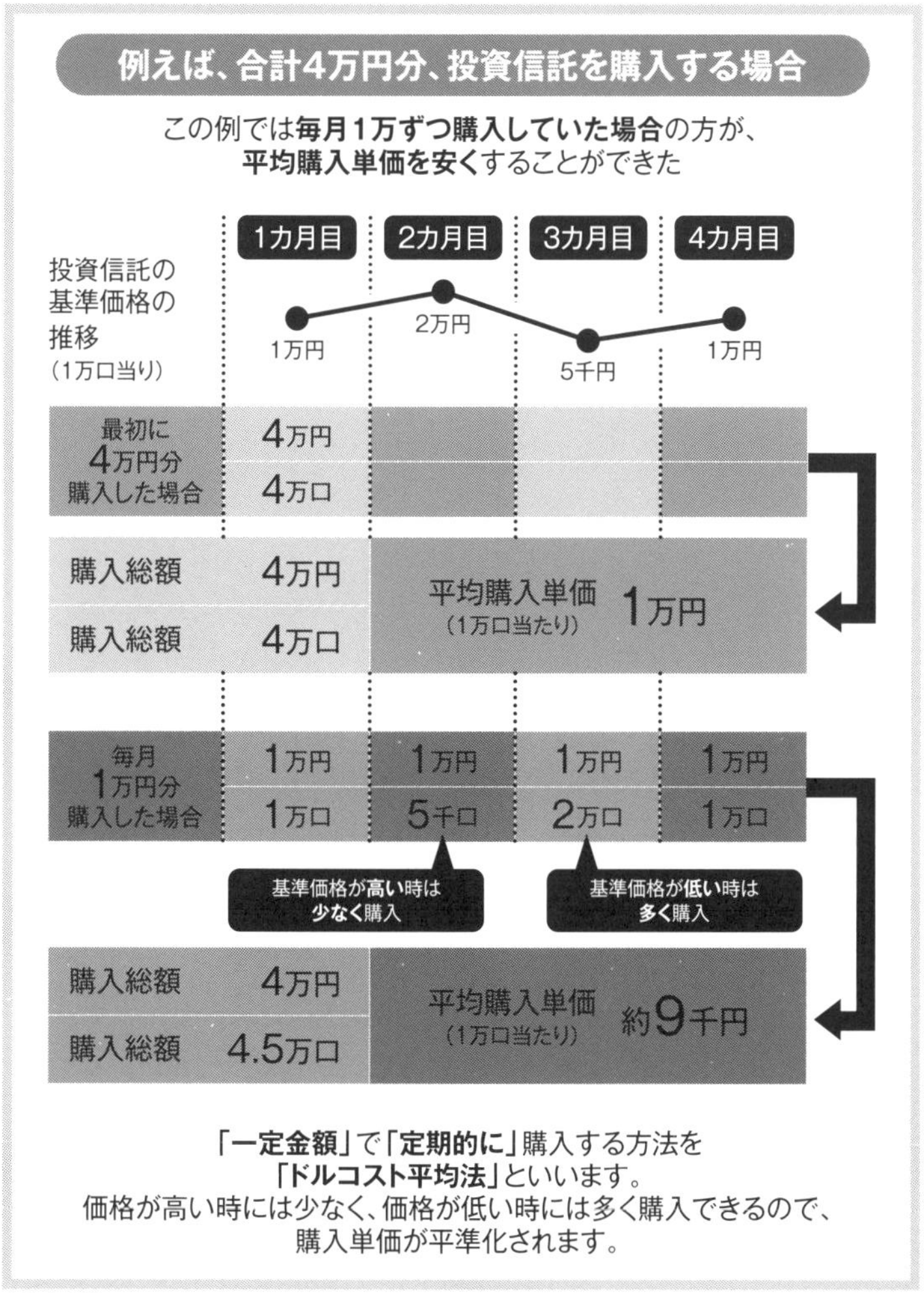

出典:金融庁「はじめてみようNISA早わかりガイドブック」を元に編集部で作成

ドルコスト平均法というのは、一度にたくさんの金融商品を買うのではなく、少しずつ、毎回同じ金額分だけ購入していく方法です。毎月同じ金額で購入していった場合、値段が安いときにはたくさん買えて、値段が高いときには少ししか買わないことになります。つまり値段が高いものを、高いお金を出してたくさん買う必要がなくなるわけです。

これを繰り返していくと、長期で見た場合、一度にたくさんの商品を購入したときよりも、このドルコスト平均法で購入していったときのほうが、同じ金額を払った場合でも、買った商品の数は多くなります。つまり、購入した平均単価が安くなるということです。

分散投資ができる投資信託（ファンド）

次に、新ＮＩＳＡ制度の解説に不可欠な、投資信託について説明します。

投資信託とは「ファンド」ともいいます。ごくごくわかりやすく言えば、株式や債券などいろいろな金融商品を1つにまとめてセット販売している商品というイメージです。

個別株の場合は、例えば、私がトヨタ自動車（7203）の株を買う場合、30万円ぐらいの資金で100株を購入するようなイメージになります（2024年1月15日現在の株価）。

この場合、自分ひとりで資金を出してトヨタの株式を購入します。なぜ1株でなく100株かというと、それが日本の株式の基本的な売買単位だからです（最近ではミニカブといって、1株から購入できるサービスもあります）。

一方、投資信託の場合は、投資家から集めたお金をまとめて、それを運用のプロであるファンドマネジャーが運用します。

運用によって得た利益は、投資家が投資した額に応じて分配されます。

投資信託の場合は、1万円程度から買えますし、積み立ての場合は100円から始められる商品もあります。

また、投資信託は、株式や債券などの資産に投資する商品なので、その投信自体を買うことで、自動的に分散投資ができます。

個人投資家が1人で複数の商品に分散投資する場合はたくさんの資金が必要になりますが、投資信託の場合は複数の投資家から資金を集めて1つの大きな資金として運用しますので、少額での分散投資が可能になるのです。

「年収1億円」向けの「成長投資枠」

次は、新NISAの「成長投資枠」について説明します。

「成長投資枠」は、「つみたて投資枠」のような商品の制限が少なく、投資信託やETF（上場投資信託）のほかに、個別株（上場株式）や不動産投資信託（REIT）なども買うことができます。

成長投資枠で年間に投資できる限度額は240万円と、「つみたて投資枠」の2倍になります。ただし、成長投資枠のみで生涯投資できる枠は1200万円です。限度額いっぱいの240万円で毎年投資した場合は、5年間で生涯投資枠がいっぱいになります。これも「つみたて投資枠」同様、再利用は可能です。

「成長投資枠」は、比較的短期間で大きな利益を上げたい人に向いた枠といえます。したがって本書のテーマである年収1億円を達成するためには、最終的にこの成長投資枠で、個別株などの高いリターンが期待できる商品で運用していくのがよいでしょう。

ただ初心者の方の場合はすでに述べてきたように、はじめは投資信託のように個別株ほどリスクの高くない商品から投資して経験を積み、それから成長投資枠で個別株を購入するようにしたほうがいいと思います。

あるいは、「つみたて投資枠」は老後の資金などを目的とした、文字通りの長期の積立投資の枠として利用し、資金の半分もしくは一部を成長投資枠で運用して高いリターンを狙っていくというやり方もあります。

また、株式の利益には、値上がり益で稼ぐキャピタルゲインのほか、インカムゲイン（配当等の利益）というものがあります。

キャピタルゲインは、今後株価上昇が期待できる株式を安いうちに購入し、高く売って得た利益のことです。株価が上がる要因は企業の業績なども関連してきますので、売買には、ある程度の知識や経験が必要となります。

一方、インカムゲインの場合は、株価の値上がり・値下がりに関係なく、企業が一定の金額を株主に配分しますので、株価の上下動などに左右される心配もそれほどありません。

一般的に、大きな利益を得ようとする場合は、キャピタルゲインで稼ぐ方が効率的と言われていますが、その分リスクも高いので損失を出す可能性もあります。インカムゲインでも特に配当の高い「高配当株」といわれる銘柄や、増配といって配当金額を上げていく、あるいはそれを目標としている企業の株（増配株）などは、配当の利益を高めるうえでも有効です。

誰もが「つみたて投資枠」で我慢する必要はない

新NISAについては、金融庁が投資信託の商品を厳選して、ハイリスク・ハイリターンの商品などは除外しているため、初心者でも比較的安心して資産運用を行うことができます。「つみたて投資枠」の限度額や非課税投資期間が長いことからも、国が国民に対して長期の積立投資を推奨していることが窺われます。

その意味では「つみたて投資枠」による長期分散積立投資は、比較的ローリスクローリターンの投資ということができるでしょう。

しかし本書の目的はあくまでも強運を手にして年収1億円を達成することです。図26の計算式でそのまま積立運用を続けた場合、資産が1億円に達するのは16年後になります。その1億円も年収ではなく累積の資産です。

したがって、本気で年収1億円を目指すのであれば、最終的には成長投資枠で個別株に投資し、そこで得たキャピタルゲインを非課税で受け取るということが年収1億円の実現に最も近いやり方だと思います。

「最終的」にという意味は、前述のように、初心者がいきなり株式投資のキャピタルゲインで大きな利益を上げることは難しいからです。というより無理と言っても過言ではないでしょう。

そこでまずは投資そのものに慣れるため「つみたて投資枠」でコツコツ積立てをしていく資産運用の方法から入っていきます。

そして、利益を生み出す仕組みや商品の選び方などがわかってきた段階で、少しずつ成長投資枠の個別株投資にも挑戦します。

そのようにして失敗も含めた多くの経験を積んでいって、最終的に株式投資だけで年間数千万単位の利益を得られるように成長していくのです。

暴落のチャンスと「長期・分散・積立」は別物

この章の初めにも述べたように、暴落相場を狙った投資手法などを用いれば、個別株投資は必ずしもハイリスクなものにはなりません。

例えば2020年のコロナ・ショックで日経平均株価が1万6000円くらいまで下がったとき、これをちゃんと見て株式投資を始めた人もいると思います。

その人たちはその後訪れたコロナ相場によって大きな利益を得たことでしょう。

私の場合もそうでした。2020年に始まったITバブルの崩壊のときに株式投資を始めて、その後やってきた小泉バブルで、２００万円の元手を１０００万円に増やして、その後の株式投資に弾みをつけたのです。

そしてアベノミクスの恩恵もあって、株式投資で資産を1億円以上に増やすことができました。

このように相場が大きく下がったときは、それだけチャンスが大きいということなのです。そのときに、資金を積立投資だけにしか充てていなかったら、せっかくのチャンスを逃してしまうことになります。

大暴落のチャンスを目の前にしているときは、「ドルコスト」も「雪だるま（人気の投資信託の愛称）」も関係ありません。貪欲に目の前に現れた強運を掴み取ることが成功への道なのです。

新ＮＩＳＡが長期分散積立投資に向いた制度であったとしても、個別株に投資できる成長投資枠というものが用意されているのですから、その枠を使って個別株投資を行うことに何の遠慮もいりません。

しかも、それはローリスク・ローリターンの投資をハイリスク・ハイリターンにしろと言っているのではなく、暴落時の購入だけを狙ったミドルリスク・ミドルリターンの投資なのです。

株式投資だけでも「億」を目指す

投資初心者が「億超え」を達成するまで

私は、今でこそ株式投資で3億円の資産を築きましたが、投資を始めた二十数年前は、まったくのど素人でした。そのため、「億超え」を達成するのにも、十数年の年月を要しています。

そして投資25年目の現在は、不動産投資や会社経営も含めて、年収は1億円以上、保有資産も6億円超にまで増やすことができました。

そこで本書の最後に、年収1億円を目指す読者のために、私なりの株式投資による「億超え」の方法をお教えしたいと思います。

ただし、「億超え」という目標は1つでも、投資家の方々が置かれた状況は千差万別です。すでに5000万円くらいの資産を築いている人にとって、その資産を2倍にして「億超え」を達成するのは、それほど難しいことではありません。

一方で、今から投資を始める人にとって、「億超え」はかなりの難題です。

しかし、私も含め、「億り人」と言われる投資家の方々も、みな同じように最初は初心者だったのです。

また、「億超え」までに十数年の歳月を要した私も、もし今から投資をゼロレベルから始めれば、最短1年、長くても2~3年で「億超え」を達成する自信があります。

それは、二十数年間で培ってきた株式投資の蓄積があるからです。

そこで、読者の皆さんが置かれたさまざまな状況に合わせて、まずは初心者が投資リテラシーを身につけて、株式投資で「億超え」を達成できるようになるまでのステップをご紹介します。

スタートダッシュでライバルに抜きん出る

まずは投資初心者の方が行うべきことです。ただし、「自分は初心者じゃないから関係ない」と思う人も、一応目を通してみてください。特に、何年も投資をやっているのに儲からないという人は、思い当たる点が多々あるのではないかと思います。

まず、株式投資で勝つためには、いかにしてライバルに差をつけるかが大事になります。

株式投資は、相場に向かって1人で投資をしているイメージがあるかと思います。しかし、市場においては、あなた以外の投資家はすべて「ライバル」なのです。投資家のセミナーに参加したり、オフ会などで一緒に飲んだりしている投資家仲間も、実は皆ライバルなのです。誰かが1億円を稼いだら、その陰には自分を含め10万円を損した投資家が1000人いるわけです。

そこで大切なのが、「スタートダッシュ」です。スタートラインは一緒でも、そこからいち早くライバルに抜きん出ることです。

では、その大事なスタートダッシュで何をするかというと、まずは「集中して学ぶ」ということです。

具体的には、今から3カ月で30冊の投資本を読んでみてください。ダラダラと時間をかけて読むのではなく、集中して読むのです。

まずは30冊、1カ月に10冊のペースを3カ月続けてみましょう。

お薦めの本はありません。とにかく書店やamazonで良さそうだと思う本を片っ端から読むのです。それだけの量をこなすと、「こういう本が役に立って、こういう本は役に立たない」ということがわかってきます。価値のあるものとないものを判別できるようになるのです。

初めのうちはすべてが価値のある本のように見えてしまいますが、価値の有無がわかってくると、その後は自分に必要な本だけを選ぶようになり、書籍代も時間も節約できます。

あるいは、ＹｏｕＴｕｂｅで株式投資のノウハウを提供している動画をまとめて見てもいいでしょう。

動画は何といっても読書より効率よく知識が吸収できますし、配信者も工夫しているので、わかりやすく質の良い動画もたくさん配信されています。

もし動画をまとめて見るのであれば、読書を20冊にして動画を1・5倍速で50本にしても構いません。ただ、期限は変更せず、３カ月のままです。

ちなみに、私も初心者から上級者まで、幅広い視聴者層を対象にした株式投資のＹｏｕＴｕｂｅ動画を配信していますので、投資の技術についてより深く知りたい方は、ぜひご覧ください（「上岡正明」でＹｏｕＴｕｂｅを検索）。

集中して読書する、あるいはＹｏｕＴｕｂｅ動画を見ることのメリットは、「共通言語が見えてくる」ということです。

「この20冊の本の中で語られていることは、こういうことなんだな」「ＹｏｕＴｕｂｅで配信している投資のプロたちに共通した理論はこれなんだな」という共通のパターン、不変の原理原則みたいなものが見えてくるので、それを自分の中に取り入れるのです。

この時点で、あなたはすでに他人の半歩先を進んでいます。

億り人の「失敗」を追体験する

集中学習の次は、マインドセットです。

誤解を恐れずにいえば、今、「投資家」といわれる人の多くは、株式投資で自分が成長しようと考えていません。年収1億円を目指し、株式投資で「億超え」を目指すのであれば、そこを逆手にとって、「自分は他の投資家と違い、株式投資で成長するんだ」という意志を固めることが大事です。

具体的には、株式投資も「ビジネス」の一環と考えることです。株式投資というと、何か「副業」のようなイメージで、本業の片手間や、小遣い稼ぎ程度にしか考えていない人が多いと思います。

しかし他人がそういう「ぬるま湯」にいる中でも、自分は真剣に勉強して、努力して、株式投資で成長しよう、儲けようという気持ちを持つだけで、成長のスピードが大きく変わってきます。

なお、本書では一貫して、強運を手にして年収1億円を達成するための収入の道を次の3つに分類してきました。

①仕事の年収を極限まで高める（または会社を経営）＝労働投資

②株式投資＝金融投資

③副業＝収入のレバレッジ

しかし、この**①と②に関しては、本来一緒にしてもいいくらいの親和性を持っています。**

なぜなら、株式投資は基本的に企業に投資するものであり、投資先を選ぶにあたって、その企業のビジネスモデルや業績、将来性などを細かく調べ上げるからです。さらに、相場の流れを読むために、日々の経済情報や国際情勢、為替の動きなども調べ上げます。

この「調べ上げる」という行為によって、どれだけビジネススキルが向上し、また、マクロからミクロまで経済に精通できるようになるかという効果は計り知れません。

ただ、ビジネスと違い、株式投資は失敗しても、自己責任で自分が損をするだけなので、気楽にできるという面はあります。

ビジネスの場合は、失敗すると自分だけでなく会社や周囲の人に迷惑をかけることになります。そのため、ビジネスにおいては、その失敗の原因を追究し、同じ失敗を繰り返さないための工夫をします。

この失敗と、それに対する反省・改善を繰り返す経験が、実は株式投資においてとても重要なのです。

世の中にはよく、「失敗と成功」の違いを図30の下のように考える人がいます。例えば株式投資において「今回の投資は成功した」「今回は失敗だった」というふうに、失敗と成功は「別物」と考えてしまうのです。

そういう人は、最終的に大きな成功を得ることができません。ともすると、SNSやYouTubeにポップアップで出てくる「これだけやれば月100万円稼げる」というようなセミナーの広告を真に受けて、「ついに俺にも成功のチャンスがやって来た！」とばかりに巨額のお金をそこに投資し、最終的に大失敗をするパターンです。

本来、失敗と成功の関係は、図30の上のようなものです。道は成功と失敗に分岐するのではなく一本道で、何度も何度も成功と失敗を繰り返し、その先に大きな成功が控えているのです。

強運な億り人といわれる人たちも、過去に何度も失敗をして、その失敗から学ぶことで、最終的に成功を掴んでいるのです。

図30　成功と失敗のイメージ

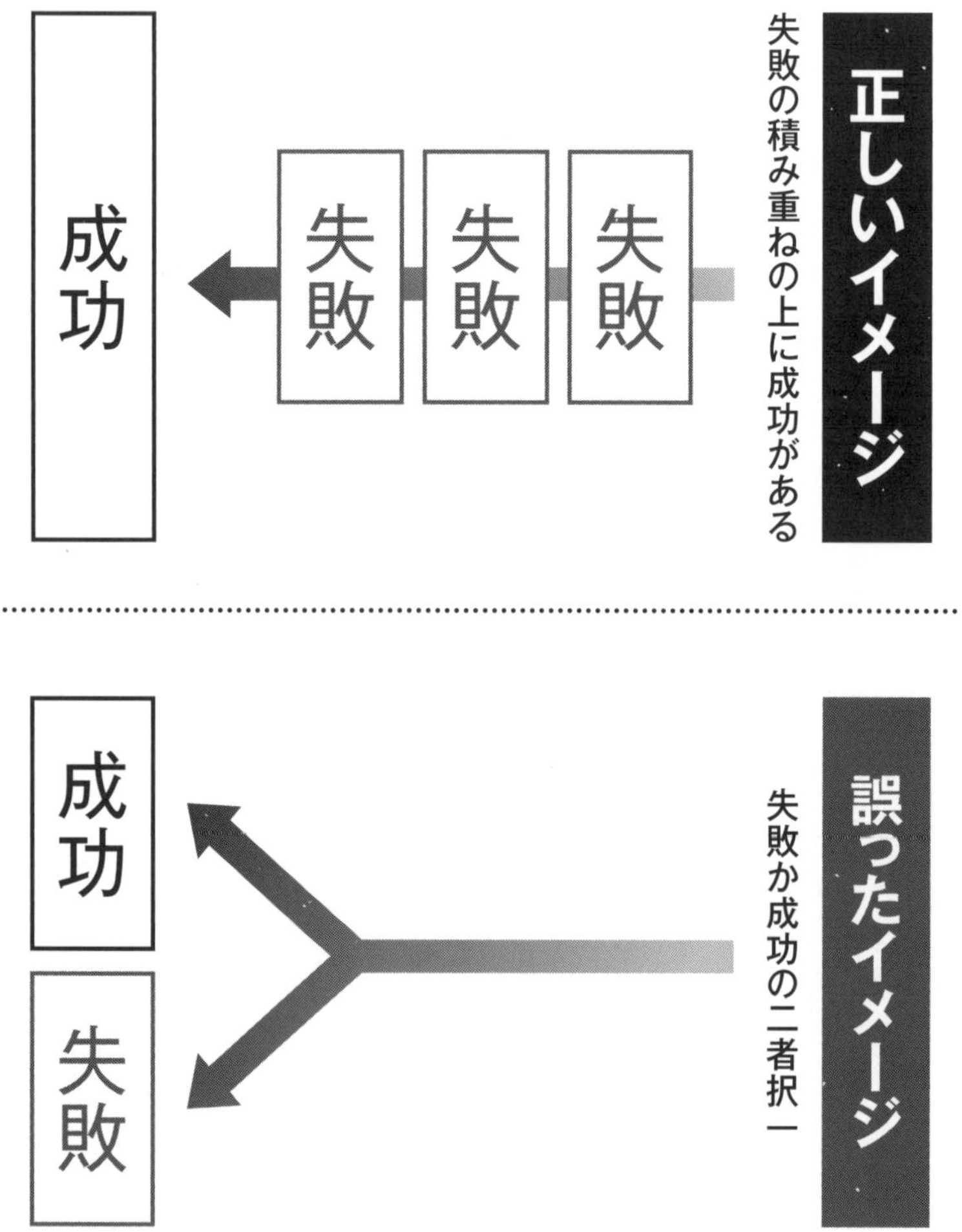

株式投資では、この一本道の中に数多く出現する失敗をどう乗り越えていくかということが大切なのです。その経験値が、将来の投資の成功を生み出します。

ただし、20代くらいの若手ならともかく、年齢的にそれほど長い期間をかけて失敗を経験しているわけにはいかないという人もいるでしょう。

そこでお勧めなのは、例えば有名な億り人の皆さんの「失敗の経験」に注目することです。

書店の株式投資のコーナーには、億り人といわれる著名投資家の本がたくさん並んでいます。

また、「株探」のような株式投資の情報を提供するサイトには、有名投資家の投資遍歴を紹介しているコラムもあります。そういう投資家たちの「失敗」の部分に注目して読んでみるのです。

億り人たちが過去にどんな失敗をし、それをどんなマインドと手法で克服したのかという部分には、大きなヒントが隠されています。

そうすれば、わざわざ自分で失敗を経験しなくても、億り人の失敗を追体験することができます。億り人が失敗を通して強運を掴むまでのプロセスも「丸パクリ」してしまうのです。

投資家の中での自分のポジションを確認

こうしてスタートダッシュをきかせ、日々真剣に投資に向き合い、勉強する努力を続けることで、図31にあるように、投資家の中でも一段上のランクに上がることができます。

図のBとCの境目が重要で、Cの投資家は、いくら投資しても儲からない人たち、Bの投資家は投資で確実に資産を増やしている人たちです。

さらにAのランクの人たちは、投資で数十億～数百億円の資産を築いているスーパー億り人の人たちです。

年収1億円を目指す人が目標にするのは、最終的に「A」のポジションです。しかし、一足飛びに「A」に行くことはできませんから、まずはトータルでの利益をプラスにしていくくらいの「B」を目指します。

その場合、長くデフレが続いてきた日本の社会でも、これからはインフレが台頭してきますので、年3％の利益を上げたとしても、年4％のインフレになったら、資産は事実上、目減りしてしまいます。そのインフレも加味した投資リターンを考えなければなりません。

図31　投資家のヒエラルキー

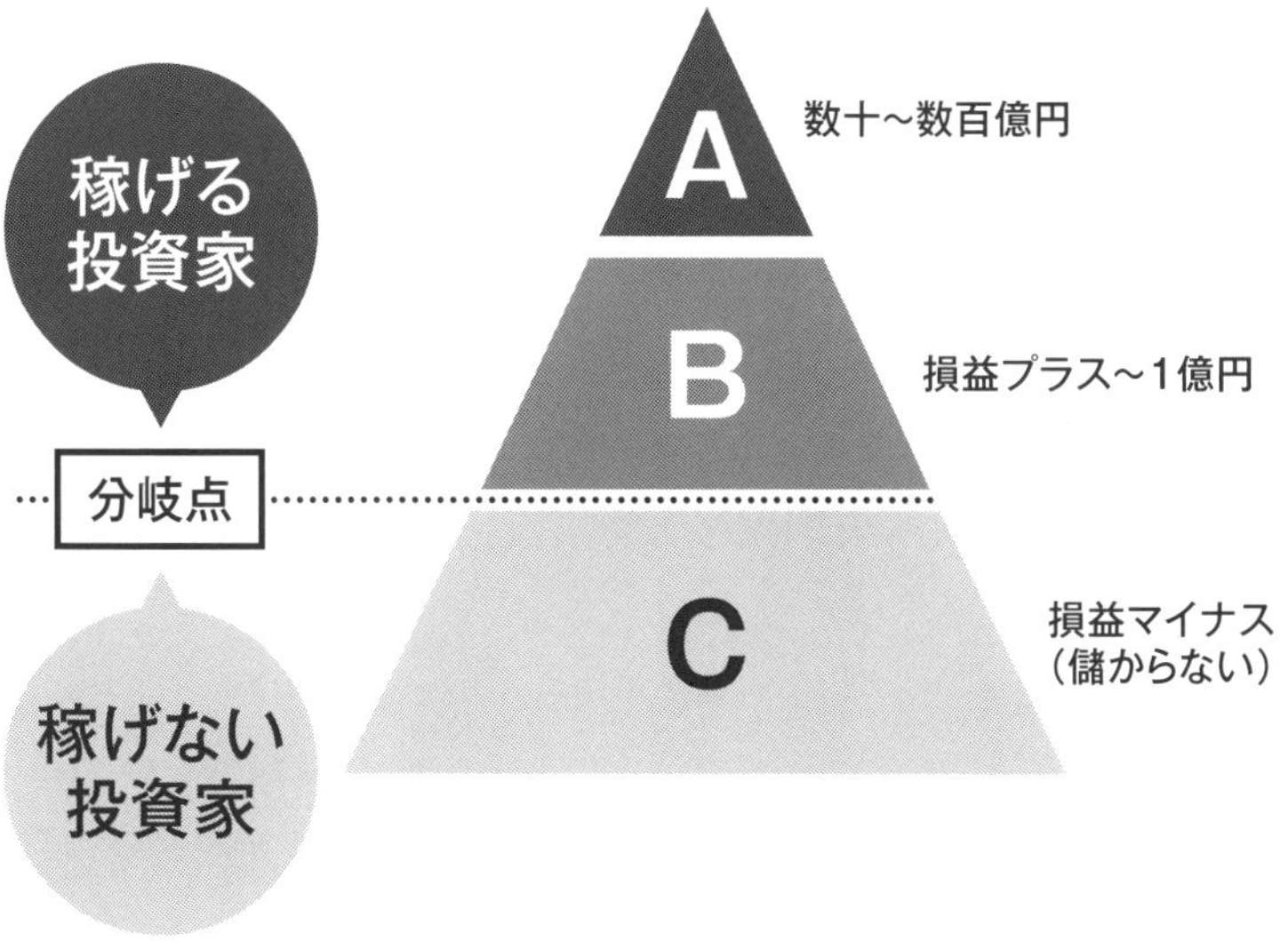

いずれにしても、「なかなか投資の利益を得られない」「損ばかりしている」という投資家の皆さんの多くは、Ｃのランクから抜け出せずにいるパターンがほとんどですので、投資家全体の中での自分のポジションを認識したほうがいいでしょう。

マラソン競技で上位を狙うため、今自分がどの集団で走っているのかを確認するのと同じ要領です。

相場の波を読む

ここからはもう少し具体的にあなただけの強運を手に入れて、「超速での億超え」を達成する方法をお教えします。

初心者の方のみならず、中・上級者の方にも役に立つ内容かと思います。

まず、投資で大きく稼ぐ重要なポイントは、「相場の波に乗る」ということです。相場には波があり、長いスパンで見れば良い波と悪い波の繰り返しです。

初心者の方向けにはすでに、「暴落相場での買い」を紹介しました。現実的には、これが最も確実に利益を上げ、かつ安全な方法です。

しかし、その際にも述べたように、大きな暴落相場はそうそう頻繁にやって来るものではありません。一生のうちに5回も巡り合えるかどうかというサイクルでしょう。そこで、もう少しチャンスを増やしたいという人には、「相場の波を読む」という方法をご紹介します。

株式市場は、「波の循環」で動いています。よくいわれる相場循環は、「金融相場」「業績相場」「逆金融相場」「逆業績相場」という4つのサイクルです。それぞれを簡単に説明してみましょう。

①金融相場

まず、企業の業績が悪化すると、政府や中央銀行は金融緩和を行い、市中に資金を流通させます。その資金は企業の設備投資や株式市場に向かいます。その結果、景気はまだ回復していないのに株価が上昇していきます。これが「金融相場」です。

②業績相場

次に来るのが「業績相場」です。

金融緩和の効果で企業の業績が回復し始めると、市場も活性化して株価も上昇します。しかし、「業績相場」が拡大しすぎるとインフレが始まるので、政府や中央銀行は物価を安定させるため、金融引き締めを行います。

③逆金融相場

金融引き締めによって金利が上昇すると、投資家の資金は株式から債券などに流れやすくなり、株価は下落の方向に向かいます。これを「逆金融相場」といいます。

④逆業績相場

そして、金融引き締めにより景気や企業業績が悪化して、株価が下がるサイクルを「逆業績相場」といいます。

最近の例でいえば、2020年春以降のコロナ禍で急激に悪化した相場が、各国中央銀行による未曽有の金融緩和で上昇した局面が「金融相場」といえるでしょう。

その後金融引き締めが始まり、株価が下落の方向で「逆金融相場」に入ったのが、2023年後半くらいからの相場の状況ではないかといえます。

株式市場は、この4つのサイクルを繰り返してきましたが、日本の株式市場も基本的にはこのような循環相場で動いています。

実は私もこの循環相場の「大波」に乗って、一気に資産を増やし、最終的に億り人の仲間入りをしています。

最初は2003年頃からの小泉純一郎内閣での「小泉相場」、2回目は2012年に安倍晋三内閣が発足して以降の大相場であるアベノミクスのときです。

相場には、先に挙げた4つの循環のほかに、8年サイクル、10年サイクルのような期間的な循環の目安があり、だいたい7～8年かけて上昇、その後3年かけて下落するという傾向があります。

そして、そのサイクルでいうと、そろそろ日米ともに相場が下落局面に入ってもおかしくない時期に来ています。下落というより、リセッション（景気後退）を伴う暴落の可能性もあります。

循環相場の大波で、かつ暴落の可能性は、直近で訪れる最大の投資チャンスとも言えます。

アメリカ株暴落後の資金はどこへ向かう？

最後に、相場の大波＋信用取引で一気に資産を増やす話をします。

相場の「大波」の話をしましたが、この大波を利用してさらに大きく資産を増やすのに効果的な手段が信用取引です（図32）。

私は基本的に、投資は入金力を高めて現金資金で行うべきだと思っていますが、今回は「年収1億円」と株式投資による「億超え」というテーマに応えたものですので、

図32　信用取引のイメージ

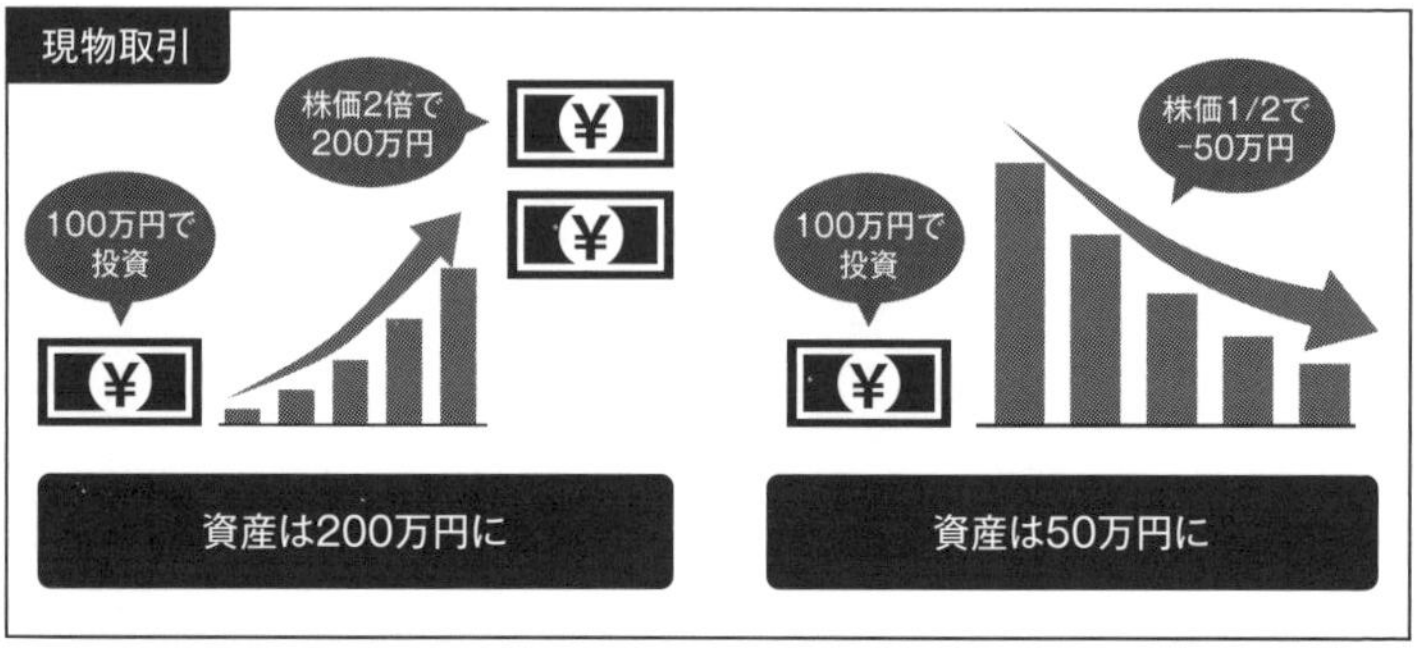

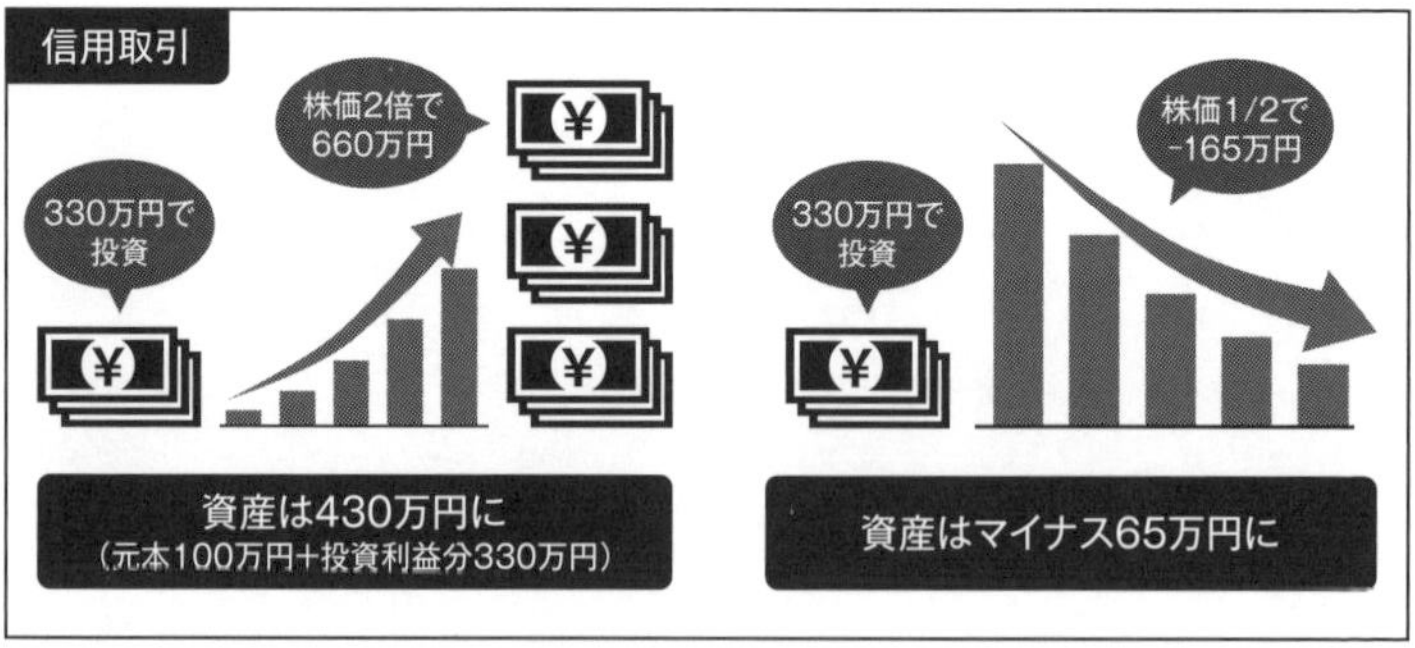

信用取引は資金を担保に証券会社からお金や株式を借りて、
自己資金の3.3倍までのレバレッジをかけた投資ができるしくみ。
100万円の資金なら最大330万円まで投資できる。
その場合、株価が2倍になれば100万円の資産が一気に430万円になる
（投資資金100万円＋利益330万円）が、
逆に株価が1/2になったら、損失は165万円で、
資産は一気にマイナス65万円（投資資金100万円－損失165万円）に減ってしまう
（実際はそこまで損失が膨らむ前に、証券会社によって強制的に決済される）。

その前提でお読みください。

短期で大きな資産を築くためには、レバレッジをかけて大きく投資できる信用取引が有効です。

株式投資の場合は、自己資金の3・3倍までレバレッジをかけることができます。手持ち資金が100万円の人は、テンバガー（10倍株）を当てても1000万円ですが、300万円で同じ銘柄を買えば、獲得利益は3000万円になります（レバレッジ分の200万円は、株を借りた証券会社に返済）。

やはり投資家として億単位の資産を目指す場合は、どこかで必ず「勝負」をかけなければならない瞬間があります。

私もアベノミクスのときに勝負をしたことが、その後の資産6億円までの道を拓いています。

したがって相場の下落局面がある程度読めている今日の場合などは、思い切って勝負をかけるのが「億超え」への近道でしょう。

「強運」を摑んで成功した人は、必ずどこかでこうした「勝負所」を経験しています。

その際、問題は「勝負所を間違えない」ということです。

信用取引の場合は、「タイミングが8割、銘柄が2割」です。その意味では、202

4年はアメリカ大統領選をはじめ、各国リーダーの選出がたくさん行われる年でもあります。

特にアメリカ大統領選までは、バイデン大統領が相場や景気を政策的に支えることになると思います。

問題はその後です。前述した暴落が起こり、一生のうちに数度経験するかどうかという投資の大チャンスが訪れるかもしれません。

その際、アメリカの株価暴落は、ある意味で日本株にとっては追い風になる可能性もあります。

アメリカの株価が暴落しても、機関投資家やヘッジファンドなどは、常に投資先を見つけて顧客の資金を運用しなければなりません。

そこでどこが投資先としてふさわしいかと考えた場合、それは中国でもロシアでもなく、日本株ということになります。

あるいは、大きな潜在力を秘めているインド株に向かうかもしれません。

しかし、これはあくまでもさまざまな要因を加味した上での「予測」にすぎません。予想外の要因が発生して、相場が思わぬ方向に動くこともあります。そこで、この勝負所で買うポイントをもう少し細かく説明します。

個人投資家にとって最大のライバルとは

大相場の「大波」に乗って大きく資産を増やす場合、基本的にはトレンドに追随する「順張り」よりも、トレンドの転換点で買う「逆張り」のほうが、大きく稼ぐ可能性が高いといわれています。株価が底に限りなく近づいたところで買い、その後反発して値上がりしたとき、なるべく高値で売るのです。

そこでのポイントは、株価の転換点を見極めることです。

その際、多くの個人投資家は、株価が十分に下がったので、この辺が買い時だろうと安易に考えて失敗します。ヘッジファンドなどの大口投資家が、さらに売りつないで株価を下げてくるからです。

彼らは空売りを仕掛けて株価を下げてきますが、利益を確定するためにいったん買戻しをします。

そこで株価がいったん下げ止まりますが、それで「底を打った」と勘違いした個人投資家がいっせいに買いを入れたとたん、再び大口が空売りを仕掛けて、株価はさらに下がっていくのです。

先に「他の投資家はすべてライバル」といいましたが、**個人投資家にとって最大か**

つ最強の敵は、海外の機関投資家やヘッジファンドなどの大口投資家です。

彼らの行動を把握しておくことは、株式投資において重要なポイントです。そうしなければ、株価の転換点を見誤って全力投資した結果、資産を増やすどころか大きな損失を出してしまうことにもなりかねません。

さらにこういう場面で信用取引を使っていると、最悪の結果になります。3・3倍の取引ができるということは、損失も3・3倍になって跳ね返って来るからです。

ですから信用取引は、絶好のチャンスで使う「最後の手段」として用意しておくべきです。

そこで、私が皆さんによくお話しする教訓が、「絶好のタイミングは、自分の『絶好』の後にやって来る」というものです。

要するに、急がず慌てず、資金の余力を確保しつつ、ゆっくりと勝負所を待つということです。

「ゆっくり」といっても、何十年も先の話ではありません。長くても1~2年程度です。仮に株価の転換点を逃してしまったとしても、その後株価が上昇していくのであれば、それに追随して「順張り」の手法に切り替えればいいのです。

株価は「下げ」のほうが「上げ」よりも足が速いです。とくに下げの最終局面では「セリングクライマックス」といって、投資家が弱気になり、一斉に大量の売り注文を出して、株価が暴落します。

しかし、売り込まれたのちは需給が好転するので、そこで株価が上昇し始めたときに買っても十分に利益は出せます。

私がお勧めする勝負所は、このあたりです。つまり、自分が「絶好」と思ったタイミングからさらに一呼吸おいて、株価が下げ切った後、上昇に転じたポイントです。

一気に資産を増やしたい人は、このタイミングで信用取引も使って全力投資するのがいいでしょう。

そのタイミングは、私のYouTube配信やX（旧Twitter）などで配信していきたいと思います。

これらのメディアを使って、今後も皆さんが強運を摑み、年収1億円、さらにはその上の目標を達成できるような情報をどんどん提供していきたいと思いますので、楽しみにしていてください。

上岡正明（かみおか まさあき）

MBA保有の脳科学者、6億円稼いだプロ投資家。「脳」と「投資」のスペシャリスト。株式会社フロンティアコンサルティング代表取締役社長。放送作家、脚本家。MBA（情報工学博士前期課程）修了。多摩大学客員講師（2018〜19年）。一般社団法人日本認知脳科学協会理事。これまで上場企業や外資系企業を中心に1000社以上の広報PR支援、新規事業構築、外資系企業の国内外PRや海外プロモーションのコンサルティング、スウェーデン大使館やドバイ政府観光局などの国際観光誘致イベントなどを行う。チャンネル登録者数24万人超（2024年1月現在）の人気ユーチューバーとしても活躍中。著書多数。

編集／宮下雅子
表紙デザイン／tobufune
本文デザイン・DTP／鈴木貴之
図版・イラスト／岩下梨花、高野真衣
編集協力／高水 茂

MBA保有の脳科学者が教える
年収1億円の人になる「強運脳」

2024年2月29日　第1刷発行

著　者　**上岡正明**
発行人　**関川 誠**
発行所　**株式会社 宝島社**
〒102-8388
東京都千代田区一番町25番地
電話　03-3234-4621（営業）
03-3239-0927（編集）
https://tkj.jp

印刷・製本　**中央精版印刷株式会社**

ISBN978-4-299-05183-7